明治小說便利帖

——從食、衣、住、物走入明治小說的世界

章蓓蕾　著

推薦序

小說中找生活，生活中找趣味

陳雨航

蓓蕾女士在從事翻譯工作多年之後，寫成了《明治小說便利帖》一書。她在書的前言說了寫作的緣由，在於翻譯明治時代的小說時，查找陌生名詞的過程裡有「遍尋無果的煩惱」，也有「豁然開朗的喜悅」。

我覺得作者上天（網路）下地（典籍、論著）搜尋的過程，應該頗有類似推理小說裡破案的樂趣。只是這種「破案」的樂趣太費時耗力了，我們讀者只需了解她破案後敘述的來龍去脈，享受從小說建構出的明治時代種種生活裡的繁花勝景就可以了。

我們因而會知道日本最早的鐵路路線、車站還有鐵道便當是什麼樣子，最早的電話操作，穿著服式在貴族、庶民以及花街間的流行動態，理髮店的樣貌，各種各樣的髮型與它所顯示的身分階級，購物中心和百貨公司的雛形。我們更會知道「書生」不同於中文世界的意涵，澡堂裡的「三助」和「湯女」是做什麼的……，許多物事的來龍去脈都十分有趣。

時間之河無能截斷，歷史是連續的。當時的新奇時髦已成今日的古典傳承。明治時代距今已逾百年，它的許多產物固然免不了崩離消逝的宿命，但依然有部分繼續留存，甚至以更進化的方式存在。在成住壞空的週期裡，那些慢慢凋零／藕斷絲連的事物，還有不少存在當代人的記憶之中甚至就活在他們眼前。

以居住而言，日式屋宇雖則式微卻然存在。曾受日本殖民的臺灣，戰後遺留了大片的日式房子，以臺北為例，一九六零、七零年代，許多公家機關和學校的宿舍都是日式的，之後慢慢改建減少，目前在臺北市青田街一帶的巷弄裡還看得到保留下來的少數房舍。

臺灣六、七十歲以上的人，很多人都有居住在日式房子裡的經驗，因此穿木屐、睡榻榻米是日常，而緣側、雨戶、障子，也就是我們熟悉的迴廊、木板窗、紙門紙窗。日治時期臺灣的住宅（大正、昭和時代建物）固然因氣候環境不同而有所改變，但差異不算大。以我昔日的經驗來說，雨戶平時收著，颱風來時再拉出來擋住玻璃窗。至於障子，我們也跟大作家夏目漱石一樣，每年都要自己糊幾扇啦。

年輕一輩雖然多無居住日式屋宅的經驗，但日本文化流行所及，有些物事也不會陌生。以吃食來說，黑豆、福神漬、蒲燒的鰻魚飯、牛肉蓋飯，以及早已世界馳名的「壽喜燒」等等，今時日本依然普遍。我們無需到日本旅行，臺灣都不難找到。

凡此體驗種種，都讓我們有機會從書上看到許多東西的前世今生。

百年前明治時代生活裡的物事與種種細節，穿過時光，都在夏目漱石等文豪的筆下栩栩如生的再現，扮演著小說家賦予它們的意義。

在文豪的小說裡解釋物事與情節的微妙關係，是作者起心動念之處，也是本書的重要看點。譬如「醬汁香魚」一節，夏目漱石在《三四郎》開頭一段，上京讀大學的鄉下青年三四郎在火車上吃著驛便當裡的醬汁香魚邊看同車女人的場面，作者解說是：

漱石選擇以「香魚與女人」做為「食慾與性慾」的對照組，其實還有另一層含義。因為香魚的一生好比女人的一生，六月的香魚像少女一般嬌嫩，八月的香魚就像火車裡的女人，早已過了誘人的賞味期。

接下來作者解釋香魚生態，六月香魚和八月香魚的不同以及適宜烹煮方法。我們讀了才能對小說裡的書寫指涉有進一步的了解。

明治時代的女性比起現代女性備極辛勞，這在各篇章多有觸及，作者在「單衣、袷衣」一節介紹和服時，不忘強調這點。她分別引用漱石的《門》、《後來的事》以及《明暗》的三段文字說明當代女性的辛苦：「不但要照顧一家老小的吃喝，還要張羅全家的穿戴。」這穿戴包含了縫縫補補的日常，縫製嬰兒服，把自己的舊衣物拆洗後做成棉袍讓丈夫住院時穿用，甚至操作工序複雜的漿洗和服。

當然還有文豪漱石先生為什麼要親自糊紙門，以及其他逸事……

在小說中尋找生活，生活中理解小說，類此的穿插敘述主軸，使本書在使用參照之外，增添了閱讀的興味。

目錄

前言

六年前，我開始翻譯夏目漱石的《三四郎》沒過多久，就發現書中出現很多陌生名詞，不但字典裡查不到，網路上也找不到答案。因為小說的創作時代是在一個多世紀以前，當時幾乎天天都在使用的日用品，已被時代的洪流沖走，就連現代日本人也不知道那些東西是什麼。

譬如《三四郎》第五章一開頭，作者提到「手洗水」，這東西究竟是什麼呢？我最先猜測是「廁所」，又有點懷疑是「廁所的排泄液」，但是原文寫的是「『手洗水』旁邊種著一株南天竹」，所以推測應該不是「排泄物」。

正當我遍尋無果，暗自煩惱時，剛巧碰到一位從小在鄉下長大的日本老人，據他解釋，「手洗水」是指「掛在廁所門外的水罐」。那位老先生告訴我，小時候，家家戶戶的廁所簷下都掛著一個吊桶（水罐）似的東西，裡面裝滿清水，桶底有個活動開關，大家上完廁所把手壓在開關上，就有水流出來，可以洗手，就連國鐵火車上也掛著這種「手洗水」。

這番解說給我帶來豁然開朗的喜悅，也在我腦中繪出鮮明的景象，彷彿自己就站在南天竹旁的水桶下面洗手。

後來翻譯小說《門》的時候，在第十五章看到「倶樂部洗粉」，這是男配角小六在除夕夜到銀座購物抽到的獎品，他帶回家之後送給了嫂嫂阿米。

洗粉在日本已有非常悠久的歷史，相傳是從中國的金朝傳來。古代的日本人洗澡、洗頭、洗臉的時候都會用到洗粉，但是明治維新之後，政府鼓勵大家使用肥皂，傳統的洗粉反而式微了。然而經過一番查詢，我驚訝的發現，明治時代開始上市的「倶樂部洗粉」，現在居然還在銷售，而且是受人歡迎的商品。

查詢「洗粉」的經驗讓我體會到，明治時代其實跟現代依然藕斷絲連。不僅像「洗粉」這種明治時代的商品現在還有人使用，明治小說裡提到的許多點心店、餐廳……，今天仍然受到消費者熱愛。

我開始懷著獵奇的心情，正面挑戰小說裡的陌生字眼。字典、網路裡找不到答案的，還有許多相關書籍、論著可以提供線索。搜尋過程雖然費時費力，卻讓我對作者與故事人物產生了親近感，更加深刻體會故事的涵意。

我不禁慨嘆，為什麼現代讀者覺得明治小說難以接近？或許主因就是這種時代造成的隔閡感吧。小說裡提到的某個物品、觀念或現象，看似枝微末節，卻對讀者企圖理解作品的決心，產生舉足輕重的影響。

因此，我想把六年來的查詢所得寫出來，跟讀者分享我的驚喜體驗。書中穿插了許多照片，是我在日本生活四十年留下的浮光掠影。更值得慶幸的是，近年來，日本國立國會圖書館釋出了大量著作權保護期滿的古書古畫，我才能做成各種插圖，從更有趣的角度向讀者進行講解。

本書共分五章，各章的主題分別為：吃食、裝束、居住、物事、場所。「物事」其實就是非常有趣卻又無法歸類到前三章的東西，也可稱之為「其他」吧。

衷心期待這本讀物能為讀者提供些許便利，讓大家更輕鬆地融入明治小說的世界。

二〇二一年二月吉日

章蓓蕾 寫於東京

第一章

吃食

▶江戶前大蒲燒，是江戶居民引以為傲的食物。鍬形蕙齋（一七六四～一八二四）「職人盡繪詞第三卷」一八〇六年（日本國立國會圖書館）

大蒲燒

鰻魚料理是日本文人喜歡描寫的對象，明治作家當中最喜歡吃鰻魚的，首推夏目漱石。東京有名的高級鰻魚屋，幾乎都在他的小說裡出現過，有時是利用烤鰻魚的庶民性來襯托故事人物的身分，有時則藉鰻魚屋的名氣暗諷小說角色的無知。

小說《後來的事》裡，高等遊民代助想向哥哥誠吾借錢去接濟有夫之婦三千代，但誠吾想勸弟弟別做傻事，便提議一起去吃飯。

……代助以為哥哥會帶他到俱樂部之類的地方吃飯，沒想到誠吾突然表示想吃鰻魚。……於是兩人離開園遊會，一起搭車來到金杉橋頭的鰻魚屋。店面是一棟古色古香的老屋……

（《後來的事》第五章）

小說裡沒有寫出店名，但根據一八九〇年（明治二十三年）出版的《東京百事便》記載，「金杉橋」在明治時代是鰻魚批發商的聚集地，當時在金杉四丁目有一家鰻魚屋，叫做「松金」，江戶落語家柳亭左樂（第四代，一八五六～一九一一）的筆記裡也記載著明治時代有名的鰻魚屋，其中就有「芝的松金」。「芝」是東京的地名，

大阪地方的鰻魚蒲燒在船上現烤現吃。《日本山海名物圖會》第五卷，一七九七年（日本國立國會圖書館）

金杉橋就在這裡，所以代助跟哥哥去吃鰻魚的地方可能就是這家「芝的松金」。

小說《我是貓》裡提到過一家鰻魚名店「竹葉亭」，柳亭左樂的筆記裡也曾提到。這家鰻魚屋創業於一八六六年，至今仍然門庭若市：

「就因為你總是這麼散漫，才需要修行啊。而且我只聽說過忙裡偷閒，可沒聽過什麼閒中有忙的，對吧？苦沙彌先生？」

「嗯，從沒聽過。」

「哈哈哈哈，拿你沒辦法。對了，叔叔，難得來一趟東京，我請你去『竹葉亭』吃鰻魚吧？從這裡搭電車很快的。」

（《我是貓》第九章）

漱石在小說《虞美人草》裡則用鰻魚屋的故事引出男主角厭棄未婚妻的心情。因為男主角小野明明已經訂婚，卻因覬覦女主角藤尾的財富，而想甩掉未婚妻小夜子：

……倘若小夜子真心以為這房子很好，那只能說，她實在太可憐了。他（小野）曾聽過這樣的故事：某人受邀到「奴鰻」吃烤鰻魚，飯後，某人向主人道謝說：「多虧了您，我才第一次吃到這麼美味的烤鰻魚。」結果從那之後，主人就很看不起他……

（《虞美人草》第八章）

鰻魚是江戶庶民最喜愛的美食，跟天婦羅、蕎麥麵、壽司並稱「江戶前四大天王」。日本人自古就有吃鰻魚的習慣，因為大家都認為鰻魚是非常滋補的食材。

古代的鰻魚烹調法很簡單，直接把魚放在火上烤熟，叫做「白蒸」。當時還沒有醬油，所以吃的時候只能沾味噌或鹽。直到室町時代末期，關西居民發明一種烹調法叫做「宇治丸」，把宇治川的鰻魚捲起來烤熟，然後切成幾段，沾著特製醬汁食用。醬汁是用醬油、清酒、山椒等混合而成，據說這種吃法就是後來的「蒲燒」原型。

「蒲燒」這個名稱的由來，是因為竹籤插著切成三寸長的鰻魚段，看起來很像香蒲的花穗。鰻魚被剖開攤成扁平狀燒烤的烹調法，也是關西居民發明的，為了讓魚肉更入味，必須在燒烤前，先把魚肉放在醬汁裡浸泡一段時間。

江戶子認為江戶前的鰻魚味道最佳，因此創造「江戶前大蒲燒」這個名稱來展現江戶子的自豪。「江戶前」是指江戶前方的海域，也就是現在的東京灣。這片海域正好是大川（隅田川）的入海口，因為是淡水跟海水交會的海域，鹽分的濃度經常改變，所以盛產各種魚類，也最適合鰻魚生息。江戶居民認為「江戶前」的鰻魚特別美味，在全國鰻魚排行榜中名列第一。

蒲燒最初只是沿街叫賣的小吃，關西的小販挑著鰻魚和宰殺鰻魚的工具出門做生意。遇到顧客上門，就在路邊當場宰殺烹煮。江戶的小販則用木桶提著已經處理完畢的鰻魚向路人兜售。

宰殺鰻魚需要具備熟練的技術，首先要用一根特殊的「錐眼釘子」把鰻魚的腦袋固定在砧板上，否則滑溜溜的鰻魚就會逃脫。剖魚的方式分為兩種：關西是從腹部剖開，江戶則從背部剖開。因為江戶城裡有很多武士，剖開肚皮的鰻魚令人聯想到切腹。

瀨田鰻產於琵琶湖支流瀨田川，明治時代公認是全國最美味的鰻魚。廣重（初代）「淨瑠理町繁花之圖」，一八五二年（日本國立國會圖書館）

牛鍋

小說《三四郎》裡面有一段有趣的描寫給人留下深刻的印象。那是三四郎剛到東京沒多久，他去參加帝大的學生聯歡會，宴席上的食物非常美味，學生們都開懷暢飲麥酒（啤酒），拿著西洋刀叉進食。三四郎看到大家的紳士表現，心中非常欣喜，他也不停地揮動刀叉，與人乾杯，更想起從前在熊本唸書的日子，熊本的學生聚會時都是到牛肉屋去吃牛鍋。

……那些學生偶而也會出去吃館子，通常是去牛肉屋。但是牛肉屋端出來的牛肉，大家卻懷疑是馬肉。每當牛肉端上桌，那些學生便抓起盤裡的肉片往牆上扔去，如果肉片掉下來了，就表示那是牛肉，如果肉片黏在牆上，就表示那是馬肉，這套儀式簡直就像法師做法……

（《三四郎》第六章）

為什麼當時的牛肉屋會用馬肉冒充牛肉？簡單地說，因為當時吃牛肉是日本的國策，為了跟上文明開化的腳步，為了達到富國強兵的目的，也為了盡速躋身西方列強，日本政府鼓勵國民吃牛肉。在全國競食牛肉的風氣影響之下，牛肉產量自然趕不上需求，因此才會出現以馬裝牛的現象。

明治政府解除禁肉令之前，日本傳統觀念認為肉食令人身體污穢，所以全國上下，從天皇到庶民，已有千年以上不吃肉的歷史。

一八七一年（明治四年）十二月七日，明治天皇宣布解除禁肉令，從這一天起，天皇不僅宣稱自己開始吃肉，也要求全國一起吃肉，還規定大臣上朝都得改穿皮鞋。這一連串改變，當然是明治政府推行文明開化的演技之一，主要目的還是敦促臣民盡快接受西洋文化。

明治初期的文學家服部誠一（一八四一～一九〇八）在《東京新繁盛記》

明治時代的牛鍋屋。（仮名垣魯文《安愚樂鍋：牛店雜談》的插畫，誠至堂出版，一八七一年）

書中謳歌吃牛肉的益處，認為：「牛肉對人民來說，既是開化之藥舖，亦是文明之藥劑，可以養精神、健胃腸、活肝血、肥皮肉……」

當時著名的劇作家兼新聞記者仮名垣魯文（一八二九～一八九四）也在連載小說《安愚樂鍋：牛店雜談》裡宣稱：「不論士農工商、男女老幼、賢愚貧富，凡是不吃牛肉的傢伙，開化度都嫌不足。」

然而，從沒吃過肉的日本百姓畢竟還是很難立即接受肉食，再說，一般家庭也沒有烹煮肉類的器具，更不知如何料理牛肉。

於是，一些外食業者開始研究利用牛肉做成符合日本人口味的菜餚。把牛肉切成極薄的薄片，加入大蔥、

牛鍋

味噌、醬油、味醂、砂糖等，用平底鐵鍋煮熟。這道菜推出後極受歡迎，因為它既可下酒，亦可配飯，關東把它叫做「牛鍋（ぎゅうなべ）」，關西則叫做「壽喜燒（すきやき）」。很快地，這道料理便在全國各大城市開始普及。

到了上世紀的六〇年代，「壽喜燒」在美國已是最具代表性的日本料理。日本著名歌手坂本九於一九六一年推出的暢銷歌曲〈昂首向前行〉，也因為改名為〈SUKIYAKI（壽喜燒）〉而衝上了美國的流行歌曲排行榜。

事實上，日本從明治初期開始推行肉食之後，國民的體格確實有所改進。一八九一年（明治二十四年）的統計數字顯示，男子的平均身高一百五十七公分，體重五十公斤，比從前提高一些，但是跟歐美列強的標準還一段距離。

據《東京新繁盛記》記載，當時帝都街頭的牛鍋屋「數量很快就超過了鰻魚屋，幾乎沒有一條街

明治政府號召國民吃肉，日本橋鎌倉河岸的牛肉料理店高掛旗幟吸引顧客。昇齋一景「東京名所三十六戲撰鎌倉河岸」一八七二年（日本國立國會圖書館）

牛鍋屋裡的書生。仮名垣魯文《安愚樂鍋：牛店雜談第三篇》一八七一年（日本國立國會圖書館）

上看不到牛鍋屋的」。牛鍋分為兩種，加入切段大蔥煮熟的，叫做「平鍋」，只加牛脂一起煮的，叫做「燒鍋」。前者的價格是後者的七倍。

《安愚樂鍋：牛店雜談》作者認為，「牛鍋味道極好，吃過牛鍋之後，牡丹、紅葉都沒辦法入口了。」（「牡丹」指豬肉，「紅葉」指鹿肉）

牛鍋在過去的一百年當中逐漸發展出各種衍生料理，「壽喜燒」早已世界馳名，「牛飯屋」則把牛鍋裡的牛肉撈出來直接澆在米飯上，也就是今日「牛丼」的前身。牛鍋被稱為「文明開化的味道」確實當之無愧。

醬汁香魚

「三四郎睡眼惺忪地張開眼，看到女人不知何時已跟身旁的老頭兒搭訕起來……」

這是夏目漱石在《三四郎》開頭第一段的描寫。九州青年三四郎考取了東京帝大，正要搭乘熊本出發的山陽線，到東京去念大學。

二十三歲的三四郎第一次離開老家，上車後，他發現火車越接近京都，車中女人的膚色就越白。再看看自己被九州陽光曬得黝黑的皮膚，三四郎「心中不免有些悲涼，因為自己已在不知不覺中，距離故鄉越來越遠了」。

但是面前這女人走進車廂的瞬間，三四郎發現她的「膚色完全就是九州的顏色」，而且「嘴唇看來那麼有彈性，眼神閃閃發光」，所以三四郎「每隔五分鐘左右，就抬起眼皮朝那女人看上一眼」。

這段文字把一個青澀男孩面對陌生異性時的反應，描寫得既自然又風趣；而接下來的一段，更被日本讀者公認為《三四郎》的「名場面」：

……火車再度發動了。過了大約兩分鐘，女人輕輕站起來，經過三四郎的面前，向車廂外走去。三四郎這時才看清她的腰帶顏色。他嘴裡刁著醬汁香魚的腦袋，眼睛望著女人離去的背影。大概是去上廁所。三四郎一面暗自推測，一面片刻不停地嚼著魚頭。……

這一段如果換成森鷗外來寫，可能會著重在女人的和服、腰帶之類的服飾訊息，但是漱石筆下的三四郎是農村青年，他對這些都會的玩意兒，還沒有預備知識，所以完全不感興趣。儘管女人的姿色多多少少吸引了他的注意，卻抵不過香魚便當所勾起的「食慾」。

漱石選擇以「香魚與女人」做為「食慾與性慾」的對照組，其實還有另

香魚是日本人最喜歡的淡水魚，有「河中之王」的稱號。歌川廣重（一七九七～一八五八）「鮎魚圖」（日本國立國會圖書館）

醬汁香魚

一層含意。因為香魚的一生好比女人的一生，六月的香魚像少女一般嬌嫩，八月的香魚就像火車裡的女人，早已過了誘人的賞味期。

香魚的日文叫做「鮎（あゆ）」，是日本人最喜歡的淡水魚，有「河中之王」的稱號。又因為香魚的壽命只有一年，所以也叫做「年魚」。

每年秋季，香魚的稚魚在河中孵化後，順流而下，在河口附近的海裡過冬。到了第二年櫻花盛開的季節，香魚已長到五、六公分大小，這時便逆流而上，游回自己出生的河川上游。稚魚在海裡是靠浮游生物維生，但回到河裡後，卻只吃附著在河底岩石上的藻類，魚肉因而發出一種類似西瓜的香氣。

每年六月一日是日本的「香魚解禁日」。東京的多摩川是有名的香魚產地，每年都有許多民眾前往多摩川捕捉香魚。全國各地的餐廳也從這天起才能提供香魚料理。除了六月至九月這段時間之外，各地河川都嚴禁捕捉香魚。

全國各地的餐廳從這天起才能提供香魚料理。除了六月至九月這段時間之外，各地河川都嚴禁捕捉香魚。

六、七月的香魚叫做「若鮎」（わかあゆ），料理方式以鹽烤最美味。日本著名美食家北大路魯山人（一八八三～一九五九）在〈香魚的名所〉文中指出，不論京都、大阪或東京的香魚，都以七月的味道最佳，其中又以產卵前的香魚味道最好。但住在大都市的居民根本不要指望吃到可口的香魚，

東京的多摩川是香魚產地，每年解禁日之後都有許多民眾前往多摩川捕捉香魚。楊州周延「多摩川之鮎漁」一八九五年（日本國立國會圖書館）

因為吃香魚就是吃鮮度。

魯山人寫過許多有關香魚的散文，他認為，日本全國以丹波由良川的香魚最美味，因為這條河從龜岡分水嶺流向北方時，流速突然變急，生長在這段河裡的香魚外觀好看，肉質緊實，香味也比其他河流的香魚更勝一籌。

每年八月以後，香魚的成魚抱卵順流而下，把魚卵產在河底。這時香魚身上的脂肪逐漸消失，肉質鬆軟，叫做「落鮎」（おちあゆ），比較適合用醬汁紅燒。做法是先把香魚蒸熟或烤熟，然後放進醬汁久煮後浸泡一晚，讓汁液入味。這道料理就叫做「醬汁香魚」。

三四郎從熊本前往東京的時期，是在暑假即將結束的八月中旬，難怪他在火車站買來的驛便當主菜是一條醬汁香魚。如果小說開頭走進三四郎那節車廂的，是個年輕女學生，恐怕夏目漱石就得修改情節，把醬汁香魚改為鹽烤香魚了吧。

葡萄豆

夏目漱石的小說《三四郎》一開頭提到一種特別的食物「葡萄豆」，令人好奇這東西究竟是葡萄還是豆？

葡萄豆出場之前，三四郎搭乘火車前往東京帝國大學註冊，火車在名古屋停留一晚，同車的女人死皮賴臉硬要跟他同住一間寢室，三四郎只好「全身僵硬地躺在自己的浴巾上，一動也不動地熬了一整夜」。到了第二天，三四郎終於可以擺脫女人了，令人好奇的葡萄豆也在這時現身了：

第二天早上，三四郎正要開始吃早飯，女人不懷好意地問他：

「昨晚，跳蚤沒出來吧？」三四郎一本正經地答道：「是啊，托您的福，多謝了。」說完，連連低頭用筷子夾起小杯裡的葡萄豆。

（《三四郎》第一章）

葡萄豆究竟是什麼呢？熟知日本飲食的人都知道，葡萄豆其實就是黑豆。特別是指丹波地方（京都附近）生產的「丹波黑」。這種黑豆顆粒特大，每顆的重量都超過一公克，煮熟後的顏色、大小都酷似葡萄，所以叫做「葡萄豆」。

普通的黑豆從開花到成熟，大約需時七十天，而顆粒特大的葡萄豆則需時一百天，或許因為葡萄豆比普通黑豆吸收了更多的日月精華，所以滋味更佳，也更有營養吧。

豆類自古就是日本人攝取蛋白質的重要來源，因為古代的庶民並沒有食用動物性蛋白的習慣。原產於中國的黑豆也是一種大豆，大約在兩千年前傳進日本，直到現在，黑豆跟其他的大豆類仍是日本料理不可或缺的食材。

譬如新年必備的御節料理，據《繪本江戶風俗往來》記載，江戶晚期的

葡萄豆

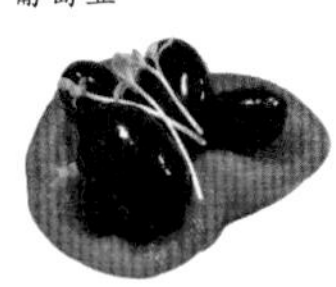

日本平民過年的時候一定要吃三樣食物：田作（醬煮沙丁魚）、數子（鹽醃鯡魚子）、坐禪豆（即煮黑豆）。

煮黑豆被稱為「坐禪豆」的理由，是因為黑豆入腎經，具有利尿、消脹的功效。這道菜最早是廟裡的精進料理，因為僧侶都相信多吃黑豆，打坐時就不會常跑廁所。

而事實也證明，黑豆具有滋陰補氣的作用，是一種強壯滋補的食品。《本草綱目》中記載：「常食黑豆，百病不生。」坐禪豆一般是用大豆烹製，但葡萄豆煮成的坐禪豆，風味更佳，更有營養。

煮黑豆雖是一道極簡單的料理，做起來卻很費工。黑豆必須先放在醬油、砂糖等調成的醬汁裡浸泡五、六小時，然後用小火慢煮五、六小時。煮時醬汁必須淹沒黑豆，否則豆皮會起皺紋；火勢不可過猛，否則豆皮便會裂開。

豆類烹煮起來非常費時費工，所以日本從江戶時代起，一般家庭餐桌上的煮黑豆都是從外面買來的熟菜。

通常是由小販挑著扁擔，到居民的家門外兜售。

這種叫賣熟菜的小販叫做「煮賣屋」，直到明治時代仍很流行，東京街頭幾乎隨處可見。其中有一種專賣「煮豆」的小販，被稱為「豆屋」。據《明治商賣往來》的作者仲田定之助（一八八八～一九七〇）介紹，「『豆屋』拉著一輛附有很多抽屜的推車，一面噹啷噹啷搖著銅鈴，一面不斷高喊：『煮豆！煮豆！』他的抽屜裡裝著各種煮豆：葡萄豆、隱元豆、富貴豆、多福豆、豌豆等。附近的家庭主婦聽到聲響，便端著大碗跑出來買煮豆。」

當時也有很多靠煮豆發跡的名店，譬如像東京人形町的佃煮屋「玉木屋」。這家老店現在依然生意興隆，而且仍舊採用兩百三十年前的方法烹製煮豆。據《江戶名物誌》記載，「玉木屋」至少在一八二二年左右，就已開始販賣葡萄豆。

煮豆是江戶庶民日常必備的食品，對於出生在江戶時代最後一年（慶應三年）的夏目漱石來說，肯定對煮豆懷著某種特殊的童年記憶。

漱石的弟子芥川龍之介在散文〈霍亂〉裡寫過一段往事：

……我想起漱石老師跟我說過，他小時候日本發生過霍亂大流行，有一天，老師吃了很多豆子，又喝了很多水，跟養父一起躺在蚊帳裡睡覺。第二天清晨，老師突然又吐又瀉。養父立刻大聲嚷著：「哇！得霍亂了！」說完，便撥開蚊帳逃了出去。這時外面還沒天亮，老師的養父卻抓著掃帚開始打掃……

（《續野人生計事》第十二章）

事實證明，漱石當時的症狀並不是因為霍亂，但他是否以為多吃煮豆就能預防霍亂，我們現在也無法求證了。

空也餅

《我是貓》的作者夏目漱石酷愛甜食，所以他經常在作品裡提到各種點心，而令人印象最深刻的，就是《我是貓》裡被苦沙彌老師的學生寒月用來塞牙洞的「空也餅」。

苦沙彌老師是一名英文教師，平時愛吃甜點。一般相信這個角色的原型就是曾在東京帝國大學擔任英文講師的夏目漱石，而寒月的原型則是漱石的弟子寺田寅彥（一八七八～一九三五），他是明治時代著名的散文作家，也是一位物理學家。

小說裡提到空也餅的場景是在苦沙彌老師的家裡，他正在跟好友迷亭和從前的學生寒月聊天。

……主人（苦沙彌）覺得自己說不過其他兩人，便不再多說，只顧著往嘴裡塞空也餅，鼓著腮嚼了起來……兩位客人也跟著鼓腮大嚼空也餅，寒月聽說迷亭跟自己一樣，也曾有過自殺的念頭，不禁笑著說：「都在去年底，好奇妙啊。」說完，寒月嘴裡露出被空也餅填滿的門牙洞。

（《我是貓》第二章）

寒月的兩顆門牙是在咬香菇的時候磕掉的。據迷亭向苦沙彌說明，「（寒月）磕掉兩顆牙，到現在都沒補，還跟我們說，就用空也餅填滿算了，真是奇聞啊。」（《我是貓》第三章）

這段香菇磕斷門牙的意外，其實是寺田寅彥的親身經歷，他在散文〈齒〉裡曾經寫道：

有一次，忘了是在哪裡吃飯，我正要用門牙把湯裡的香菇咬斷，不料一顆門牙被香菇莖一磕，竟然當場折斷了。後來夏目漱石老師聽了我的故事，欣喜地表示，要把這件事寫在《我是貓》裡面。不過老師把香菇改成了空也餅。記得那時老師家的果盒裡經常出現這種點心。總之，這部作品現在變成了偉大的證據，證明我的門牙在二十八歲那年斷掉的……

（《自由畫稿》第九章）

讀到這兒，相信大家都很好奇，「空也餅」究竟是什麼樣的點心，竟能用來補牙洞？事實上，「空也餅」的外觀就像迷你版的大福餅，只是一種包著豆沙餡的糯米糰子罷了。

製作空也餅的「空也果子店」已有一百三十五年歷史，現在的店址在銀座六丁目的一條小巷裡，除了「空也餅」之外，還出售少量幾種季節限定的和果子。不過，夏目漱石當年愛吃的「空也餅」，並不是一年四季隨時都能買到，只有每年十一月，和一月中旬至二月中旬，才會限量生產，而且只有事先預定的顧客才能購買。

「空也果子店」現在是由第五代店主山口彥之負責經營，他接受報紙訪問時介紹，第一代店主於一八八四年（明治十七年），在上野池之端開業，戰爭中，店面遭到戰火摧毀，戰後才把店址遷到現在的位置。據說夏目漱石當年也經常到店裡購買「空也餅」。

這家和果子老店的店面很小，店門僅容一人進出，店內正面牆上掛著一塊古樸的木製招牌，上面寫著「空也」兩字，是由明治時代著名的小說家野上彌生子題字。野上是夏目漱石一手提拔成名的女作家，應該也熟知空也餅跟《我是貓》的淵源吧。

「空也」這個名稱的由來，是因為第一代店主是「關東空也眾」的成員。「關東空也眾」是個類似新興宗教的團體，遵奉平安時代的僧侶「空也上人」為教主，信眾平時出門乞討時手敲葫蘆，一邊誦經一邊起舞，彷彿陷入忘我的境界。

「空也果子店」除了製作限量的「空也餅」之外，還生產一種年中無休的「空也最中」。這種和果子跟「空也餅」一樣，也是用一層糯米外皮包著豆沙餡，但是糯米的部分已被壓得像紙一樣薄，而且用爐火烤成金黃色，咬在嘴裡還會發出嗶嗶啪啪的聲音，形狀則跟關東空也眾在街頭表演時敲打的葫蘆相似，包裝紙上也印著葫蘆圖案。

購買「空也最中」不需要預定，但因為店主對品質的要求極為嚴格，每天限量只做七千個。所以每天早上十點之前，門外總能看到幾位顧客在那兒等候開業，或許，夏目漱石也曾是其中之一吧？

1. 位於銀座六丁目的空也果子店。
2. 空也最中。
3. 空也最中包裝紙上的葫蘆圖案。
4. 空也餅。

1		
2	3	4

驛便當

……三四郎像想起什麼似的，拿出剛在車站買來的驛便當吃了起來。……窗外陣陣強風吹來，三四郎看到女人鬢角的髮絲被風吹得飄來飄去。這時他的便當已經吃完，便一把抓起空便當盒，使勁朝窗外拋去……

（《三四郎》第一章）

夏目漱石在小說《三四郎》一開頭就提到「驛便當」（即鐵路便當）。

或許因為當時正是驛便當的黃金時代吧。

對現代讀者來說，坐火車吃驛便當，沿途欣賞窗外美景，已是一種日常的休閒活動。但在《三四郎》開始連載的一九〇八年，驛便當卻是昂貴的奢侈品。

當年三四郎在火車上咬著香魚腦袋打量女人背影的瞬間，驛便當才在日本問世二十三年。據資料記載，日本的第一個驛便當是在一八八五年，由宇都宮車站前的「白木屋旅館」發明的。日本鐵道公司（現在的「JR東日本」）在這一年開通了「上野～宇都宮」的路線，全程行車時間長達三個半小時，火車上雖然有餐車，卻只能容納少量的乘客，所以「白木屋」才會想到出售驛便當。

當時那份全國首創的驛便當內容非常簡單：一片竹葉裹著兩個飯糰，旁邊配兩片澤庵蘿蔔乾，飯糰上撒些芝麻和鹽，裡面包一顆梅乾。如此簡樸的便當，每份的定價卻高達五分。而當時吃一碗蕎麥麵只要一分。

小說裡的三四郎吃完驛便當，隨手把紙盒拋向窗外。現代讀者看到這兒，都不免大吃一驚，沒想到一百年前在日本搭火車竟能如此隨興。但對於喜歡研究明治社會百態的讀者來說，更令人感到好奇的，還是那個裝著醬汁香魚的驛便當，三四郎究竟是在哪個車站買的。

據《漱石的菜單》的作者藤森清研究指出，三四郎的那個驛便當，應該是在東海道線沿線的某個車站買的，具體地點大概是神戶跟鄉下老頭下車的車站之間。

藤森清在這本書的〈三四郎的驛便當〉一節裡說明，可供追查的線索就是那條醬汁香魚，只要查出當時東海道線上販賣醬汁香魚便當的車站就行了。

然而，想要追查一個世紀前的驛便當菜單，簡直就是不可能的任務吧。不過藤森清並沒放棄，經過一連串鍥而不捨的查詢，他發現明治小說家村井弦齋（一八六四～一九二七）在連載小說《食道樂》裡，竟然記錄了當時東海道線各站驛便當的詳細內容。

藤森清分析後得出的結論是，驛便當裡有醬汁香魚的車站共有五個：京都、馬場、草津、米原和大垣。他用消去法刪掉了最不可能的車站，最後只剩下米原。

米原有一家歷史最悠久的驛便當店，叫做「井筒屋」，現在是第七代老闆宮川亞古負責經營，他向藤森清表示，父親曾把明治時代的驛便當菜單傳授給他，其中確實包括醬汁香魚。至於其他的菜品，當然少不了所謂的「驛便當三神器」，也就是煎蛋捲、煮豆和魚板。

宮川還告訴藤森，當時的便當都使用粽葉或竹葉隔開菜品，這些天然植物具有防腐功能，而鋁箔那時還沒發明。賣便當的小販都在脖子上掛一個木桶，裡面裝滿飯盒，一面高聲叫賣一面在月台上走來走去。這幅一百多年前叫賣驛便當的場景，夏目漱石在小說《虞美人草》裡留下記錄：

……車廂開始嘈雜起來，火車駛進明亮的世界，在沼津停下來，——大家先去洗臉。

一張瘦削的臉孔從車窗裡探出半邊，黑白參雜的鬍鬚十分稀疏，每一根都在晨風中飄飄然。「喂，來兩個便當！」孤堂先生的右手捏著幾個銀幣，左手接過木盒的同時，也把銀幣遞了出去……

（《虞美人草》第七章）

一八八五年日本第一個驛便當問世至今，一百三十五年過去了。明治時代的蒸汽火車早已退出時代的舞台，但是驛便當卻依然生意興隆。不久前，東京車站開了一家「驛便當屋祭」，號稱是全國規模最大的譯便當匯集站，平均每天銷售一萬多個驛便當。

1
2
3

1. 東京車站的「驛便當屋 祭」平均每天銷售一萬多個驛便當，號稱全國最大驛便當匯集站。（立場陽真／攝影）
2. 東京車站的驛便當店。（立場陽真／攝影）
3. 驛便當。

福神漬

《三四郎》的男主角小川三四郎第一次見到他的情敵野野宮宗八，是在東京帝大理學院的一個地窖裡。

野野宮是帝大理科的研究員，也是三四郎的同鄉表兄。老家的母親寫信吩咐三四郎，到了東京以後，無論如何也得抽空去向老鄉打個招呼，所以三四郎才到野野宮的實驗室去找他。

那個地窖就是野野宮的實驗室。三四郎進去之後，看到對面屋角有個「花崗岩石座，高度約六十公分，上面擺著一個貌似福神漬醬菜罐頭的複雜機器」。接著，三四郎又看到「鐵罐側面開了兩個小洞，洞裡閃閃發亮，看起來有點像蟒蛇的眼珠……」。

「福神漬」是什麼呢？對於今天的日本人來說，「福神漬」已是無人不知不人不曉的大眾食品，就連小學營養午餐的咖哩飯，也必定附上一份「福神漬」當做副食。

但在三四郎生活的明治時代，「福神漬」才剛問世不久，當時的「福神漬」是專指上野「山田屋」發明的一種醬菜。

「山田屋」創業於一六七五年，是一間專門販賣各種醃製食品的商店，商品從醬海苔到煮黑豆，應有盡有。由於店主作風樸實，產品味道鮮美，幕府將軍的家臣都對「山田屋」的產品讚不絕口，所以將軍特別賜名「酒悅」。

這家歷史悠久的醬菜店今天仍在東京上野車站附近營業，店名已經改為「酒悅」。店裡的貨架上陳列著許多罐裝的「福神漬」，正是當年三四郎在地窖裡看到的醬菜罐頭。

罐頭在今天已是最常見的保存食品，但在夏目漱石發表《三四郎》（一九〇八年）的那個時代，日本剛剛學會製作罐頭的技術。一八七七年才在北海道正式開展罐頭製造業。

夏目漱石的日記裡留下很多關於罐頭的記錄。譬如一九〇二年在英國留學時，他在十一月二十日寫道：「一罐八毛，買了一罐餅乾當午餐。」

一九一〇年六月二十四日，漱石因為胃病住院時，在日記裡寫道：「春陽堂老闆來看我，帶來一罐餅乾。」一九一二年一月二十四日的日記裡寫道：「作家內田魯安送來水蜜桃罐頭。」可見罐頭在當時是非常珍貴的奢侈品。

「福神漬」是在日本開始自製罐頭之後才誕生的，一八八五年，「山田屋」第十五代店主野田清右兵衛門費時十年研製成功的「福神漬」上市了。製作方法是將蘿蔔、茄子、黃瓜、紅刀豆、蓮藕、紫蘇籽、香菇等七種蔬菜切碎，放入醬油、砂糖等調味料混合而成的醬汁裡醃泡。

福神漬出現之前，日本的醬菜幾乎全都是鹽醃。所以這種新口味的醬菜推出後，立即受到顧客的好評，並且迅速地銷售到全國各地。

裝在鐵罐裡的「福神漬」便於攜帶，適於保存，日本政府在甲午戰爭（一八九四年）中，曾經指定「福神漬」做為軍中食品。後來在日俄戰爭（一九〇四年）的時候，日本陸軍還設立工廠進行大量生產。

據《海軍料理趣味事典》（高森直史／光人社／二〇〇四）記載，日本陸軍的伙食不像海軍那麼豐富，戰地伙食的副食種類特少，幾乎每餐都吃「福神漬」，有時甚至早中晚三餐都只有白飯配福神漬。

一九〇八年出版的《海軍割烹術參考書》也指出，陸軍士兵都喜歡用這種醬菜配飯，因為「福神漬」的名字聽起來很吉祥。

「酒悅」在一六七五年研製成功的「福神漬」。

「福神漬」這個名字來自上野不忍弁天堂。廟裡供奉的弁財天是七福神之一。川瀨巴水「東京二十景不忍池之雨」一九三五年（日本國立國會圖書館）

「福神漬」這個名字最先是由明治中期著名作家梅亭金鵞（一八二一～一八九三）想出來的，靈感來自「酒悅」附近的上野不忍池，因為那裡供奉的是日本傳統信仰「七福神」之一的弁財天。

日本人吃咖哩飯配「福神漬」一起吃的習慣，始於一九〇二年。當時有一艘「日本郵船公司」的高級遊輪，在前往歐洲的頭等艙餐廳採用「福神漬」代替印度酸辣醬，配咖哩飯一起吃，沒想到乘客都覺得味道很好，讚不絕口，所以這種吃法就一直流傳下來，至今已有一百多年了。

馬鹿貝

夏目漱石在小說《三四郎》提到一種特別的食物。男主角三四郎去看望廣田老師的時候，老師正在吃晚飯，嘴裡「似乎正嚼著什麼堅硬的食物」，就連書生与次郎問他味道如何，老師都顧不得回答，「嘴裡仍舊嚼個不停」。

三四郎非常好奇，轉眼「看到盤裡放著十幾塊懷錶大小的東西，看起來紅中帶黑，好像烤焦了似的」。与次郎對三四郎說，你也來一塊吧，說完，便「用筷子從盤裡夾了一塊，放在掌心給三四郎看。原來是曬乾的馬鹿貝浸泡醬汁後做成的烤蛤肉」。

馬鹿貝究竟是什麼樣的貝類呢？如果馬鹿貝肉像懷錶那麼大，那麼帶殼的馬鹿貝豈不是大得像小孩的拳頭？事實上，馬鹿貝的體積確實很大，平均寬度約為七、八公分，幾乎是普通蛤蜊的兩倍。

馬鹿貝也叫馬珂貝、馬軻貝，因為殼薄易碎，所以也叫「破家貝」。但不論漢字怎麼寫，日文發音聽起來都是「笨蛋貝」（バカガイ）。「馬鹿」（笨蛋）這個名稱的由來有很多種說法，有人說是因為它的體型巨大，帶著幾分蠢相；有人說是因為它的橘色斧足（蛤肉）總是垂在貝殼外面，很像忘了把舌頭收進嘴裡的傻瓜；也有人說，是因為它總是一撈一大堆，就像傻瓜似的容易上鉤。

廣田老師嚼了半天才吞下去的馬鹿貝肉乾是一種價格昂貴的珍味特產，製作起來非常費時費工，別名又叫「姬貝」。与次郎後來告訴三四郎，這東西必須到東京最繁華的市中心才能買到：

「吃這麼奇怪的東西啊？」三四郎問。

「奇怪的東西？這東西可好吃了，你嚐嚐看。這東西啊，是我特別買給老師吃的。老師說他從來沒吃過呢。」

「從哪兒買來的？」

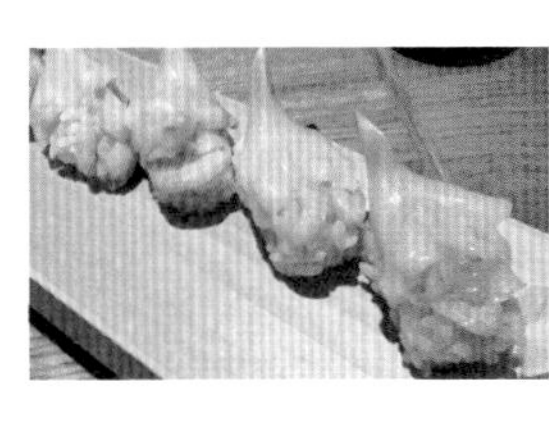
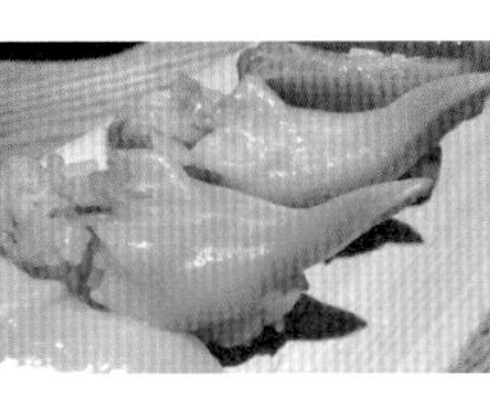

馬鹿貝作成壽司之後改名叫做「青柳」。

「日本橋。」

（《三四郎》第六章）

曬乾的馬鹿貝味道如何呢？廣田老師嚼了半天之後的評語是：「非常硬」。因為蛤肉挖出來之後，掛在陽光下曬製了很長的時間。越新鮮的蛤肉垂得越長，最後曬成細細長長像一根火柴棒。

夏目漱石在小說《草枕》裡寫過一段挖蛤肉的情景，地點雖在九州，卻是日本任何一個漁村的日常寫照：

> ……此刻，帶著鹹味的春風從溫暖的海灘緩緩吹來，……對面的一戶人家，有個六十多歲的老爺爺正蹲在屋簷下剝貝殼。只見他手裡的小刀一挑，咖喳一聲，就有一塊紅色貝肉便消失在籮筐

裡。……至於那貝殼是牡蠣還是馬鹿或是竹蟶，就不得而知了……

（《草枕》第五章）

這段文字裡的其他兩種貝類都寫了全名，只有「馬鹿貝」寫成「馬鹿」。據廣辭苑大字典解釋，「馬鹿」除了表示愚蠢之意，也是「馬鹿貝」的簡稱。不知是否因為這個緣故，日本的壽司店菜單都把馬鹿貝的刺身寫為「青柳」。因為按照慣例，壽司師傅把成品端到客人面前時，必須大聲報出材料的名稱。若是對著客人大喊「笨蛋」，實在太不禮貌了。

「青柳」原本是個地名，位於上總國市原郡，也就是今天的千葉縣市原市青柳町。這裡在江戶時代是盛產馬鹿貝的漁港，所以被壽司店拿來當作馬鹿貝的代稱。

夏目漱石在作品裡不只一次借用馬鹿貝嘲諷人物，他甚至利用馬鹿貝自創了歇後語。小說《我是貓》裡的迷亭先生跟主角苦沙彌老師抬槓時，曾經自嘲：「反正像我這種人，只是個『行德砧板』罷了。」（《我是貓》第二章）。這句話裡的「行德砧板」一詞，就是漱石從「深川木桶」得到靈感而創造的成語。

據漱石的弟子森田草平在《漱石全集》裡解釋，深川和行德都盛產馬鹿貝，深川位於今天的東京江東區，「深川木桶」在江戶落語裡用來形容一個人「愚蠢又狡猾」，因為深川當地漁民經常用木桶搬運大量馬鹿貝，木桶表面總是被貝殼刮得傷痕累累。而「刮（擦れる）」這個動詞，在日文裡也有「狡猾、世故（人擦れ）」之意。

行德位於今天東京狄斯奈樂園附近，當地漁民在家吃蛤肉時，是直接把馬鹿貝放在砧板上敲碎，家家戶戶的砧板都跟「深川木桶」一樣刮得遍體鱗傷。所以「行德砧板」跟「深川木桶」一樣，都是借馬鹿貝表達「愚蠢又狡猾」之意。

第二章
裝束

▶漿洗和服的過程非常費工費時。黑川真道／編《日本風俗圖繪第一卷》一九一四年（日本國立國會圖書館）

結髮屋、理髮店

結髮屋就是現代理髮店的前身，也叫結髮床、髮床、浮世床。「床」原本是地板的意思。江戶時代專為客梳頭的職人都是讓顧客坐在地上，自己站在顧客身後作業，所以大家把這種專門替人梳頭的小店叫做「結髮床」或「髮床」。

「浮世床」原本是一部小說的名字，是江戶後期的作家式亭三馬（一七七六～一八二二）於一八一三至一八一四年創作的滑稽小說，內容是某家結髮屋的顧客平日在店內的交談記錄，所以這部小說堪稱江戶庶民生活的最佳寫照。「浮世床」也因此成為結髮屋的代稱。

明治初期仍有到府服務的結髮屋。清水晴風（一八五一～一九一三）《世渡風俗圖會第二卷》一八八一年（日本國立國會圖書館）

江戶時代的結髮屋分兩種，一種專門提供到府服務，定期前往熟客家中為客人梳頭；另一種則是職人自己開店攬客，通常是在橋頭或路邊搭個拼裝式小屋。這種結髮屋也叫「出床」。

幕府時代結束後，明治政府為了推行西化運動，鼓勵全國建洋房、穿洋服、吃洋食、剪短髮。一八七一年（明治四年）政府頒發了「斷髮令」（正式名稱叫做「散髮脫刀令」），准許男性不再蓄髮梳髻，貴族與武士也不必隨身攜帶長刀。兩年後的一八七三年，明治天皇以身作則，率先剪掉長髮，改留洋式短髮。

1 | 2

1. 結髮屋在路邊的小店面。廣重「淨瑠理町繁花之圖（部份）」，一八五二年（日本國立國會圖書館）
2. 在路邊搭棚為客人梳髻的結髮屋，也叫「出床」。清水晴風《世渡風俗圖會卷一》一八八一年（日本國立國會圖書館）

不過，斷髮令並沒有強制性，所以法令頒布後，還是有很多人不願立即剪髮。明治初期的結髮屋職人雖已紛紛改行從事剪髮，但是堅持梳髻的顧客仍然很多。當時職人的理髮手藝都是從橫濱外國人居留地的洋人那裡學來的。由於西化運動才剛揭開序幕，理髮新手都缺少歷練，經常會把顧客的頭髮剪得像狗啃似的慘不忍睹。

儘管如此，也有很多顧客喜歡到理髮店享受服務。因為當時的理髮店除了剪頭，還替客人洗頭和修臉。這種三合一的傳統服務從明治初期持續到現在都沒改變。蓬頭垢面，滿臉鬍渣的顧客踏出理髮店的瞬間，像是變了個人似的顯得神采奕奕，容光煥發。

夏目漱石在《我是貓》裡提到過一家理髮店，就連小說的貓主角也知道，只要進了那家理髮店，自己就能變得跟人一樣體面：

……主人嫌那女人長得醜，也不必把我扯出來吧。我雖長得這張臉孔，只要到「喜多床理髮店」把鬍子刮一刮，肯定就跟人差不多了吧。人類就是這麼自戀，真叫人受不了……

（《我是貓》第二章）

夏目漱石對這家「喜多床理髮店」似乎情有獨鍾，在小說《三四郎》裡也曾提到：

……那時學校正門前面有一家叫做「喜多床」的結髮屋，好多理髮師都跑出來看熱鬧，看得哈哈大笑。……

（《三四郎》第三章）

事實上，這家「喜多床」也是現在日本歷史最古老的理髮店。創業者船越喜太郎在政府頒布斷髮令的那年開店，至今已有近一百五十年的歷史了。

「喜多床」最初的店址是在加賀藩主前田家宅邸的門前，由於店面是當時罕見的三層洋樓，店裡還裝設了大型玻璃鏡，而且店員全都穿著洋服，理髮道具也全都來自法國，所以店外總是吸引了許多群眾圍觀，「喜多床」因而成為東京著名的觀光景點。

一八八四年，東京帝國大學創校，前田家宅邸成為校舍，位於大學門前的「喜多床」從此成為文人學者聚會的沙龍，東大甚至被人稱為「喜多床對

明治初期東京市內的理髮店，店內景象跟結髮屋完全不同。歌川國峰「報紙連載小說〈天保商人〉的插圖」。一八九〇年十月三十一日（「大阪每日新聞第三版」）

面的大學」。除了夏目漱石之外，譬如像森鷗外、尾崎紅葉、伊藤博文、德田秋聲、內田百閒、芥川龍之介、金田一京助等，都曾是這裡的常客。

明治小說家德田秋聲（一八七二～一九四三）在散文〈大學界隈〉裡提到過「喜多床理髮店」，這篇文章後來被收錄在《大東京繁盛記 山手篇》裡：

……記得喜多床第二代老闆曾經說過，森川町周圍都是雜草叢生的荒地，附近的茶園裡還有狐狸，喜多床的二樓或屋頂，還住著啄木鳥呢……

（《大東京繁盛記 山手篇》第五章〈大學界隈〉）

從這段文字可知，位於文京區的東京大學校址在明治時代算是遠離鬧市的郊區。不過，當年的「喜多床理髮店」卻早已遷到東京的繁華街澀谷，店名也已改為「喜多床髮廊」。

半襟、襦袢

小說人物的服飾能夠反映角色的特性，小說家的寫作技巧也能經由服裝的描寫獲得印證。

明治時代的日本作家當中，尾崎紅葉是公認最善於描寫女性衣飾的高手。當時三越陳列館（即現在的三越百貨公司）發行的月刊《時好》介紹，紅葉經常在午後到店內的和服賣場閒逛，每次都會逗留很長的時間，細心觀察櫥窗裡的服飾。一九〇七年一月號《時好》還刊登了一篇文章〈紅葉喜愛的婦女服裝──小說裡的衣裳髮飾〉，文中讚揚紅葉對小說中的男女服飾都「描寫得十分細膩，在讀者腦中構成鮮明印象」，而且「不僅是外出時的華美和服，就連居家日常服裝」，紅葉也總是耗費大量筆墨進行描繪。

就拿紅葉的小說《金色夜叉》女主角阿宮來說，她婚後第一次出現在社交場合的情景，讀者經由文字的描繪彷彿親臨現場：

……貴婦（阿宮）身上穿一套淺紫灰皺綢單層和服，配上純白半襟，襯托出一種冷豔的氣息。和服的前後左右印著五個家紋，……（阿宮）緩步向前走動時，淡紅織花綢布襦袢的下擺不斷隨著腳步上下翻動，藏在裡面的雪白綢襪若隱若現，看起來就像即將盛開的山茶花。……

（《金色夜叉》中篇第四章四之二）

至於《金色夜叉》的第二女主角滿枝，紅葉對她的穿著也是絲毫不肯馬虎：

……（滿枝的）外套下面是一身青灰條紋和服，裡面穿著紫紅印花皺綢的襦袢，腰上繫著紫草染的絲綢晝夜帶，上面織

1 | 2 / 3

1. 少女的領口露出紅半襟，和服下襬隱約可見裡面的紅襦袢。上了年紀的老婦則穿顏色黯淡的襦袢。三代豐國「江戶名所百人美女五百羅漢堂」一八五七年（日本國立國會圖書館）
2. 鮮紅的印花皺綢襦袢是吉原妓女的最愛。三代豐國「江戶名所百人美女八丁堀」一八五七年（日本國立國會圖書館）
3. 和服下襬露出一抹豔紅。三代豐國「江戶名所百人美女染井」一八五七年（日本國立國會圖書館）

成各式樂器圖案。肉色絲綢的半襟，以彩色絲線縫在襦袢衣領上，將她的脖頸襯托得潔白如玉。……

（《金色夜叉》後篇第五章五之一）

這兩段文字裡的「半襟」，是包覆在襦袢衣領上的護布。因為襦袢的衣領從早到晚都跟肌膚接觸，很容易留下汗漬。而且當時洗衣都靠雙手，和服洗起來很不方便，絲質的襦袢更不適合經常洗滌。所以女性穿和服的時候，都先在襦袢領口縫上一塊護布，長度剛好是襦袢衣領的一半，所以叫做「半襟」。

半襟最初的目的只是為了易於清洗，後來卻發展出各種織花、染印、刺繡等具有裝飾功能的半襟。因為需要經常拆下清洗，半襟通常只用絲線或棉線假縫在襦袢的衣領上。

上述兩段文字提到的「襦袢」，其實就是和服的內衣，形狀跟和服相仿，尺寸較為貼身。襦袢的起源是「小袖」和服，這種衣袍的袖管較短、較窄，原是平安時代的貴族穿著寬袖外袍「大袖」時的內衣。有閒有錢的貴族喜歡在服飾上爭奇鬥豔，所以「小袖」也從簡樸的風格逐漸走向奢華的路線。平安時代之後的歷代貴族更想出各種方式裝飾「小袖」，除了印染、刺繡之外，甚至還在圖案上黏貼金箔銀箔。

「小袖」變身為華麗衣袍後，逐漸成為江戶庶民的流行服裝，路上行人幾乎人人一身「小袖」和服，貴族的內衣從此成為庶民的外衣。然而，變成外衣的小袖和服裡面，當然還是需要穿件內衣，於是，江戶中期的青樓女子發明了一種叫做「襦袢」的內衣。

「襦袢」這個名稱的靈感來自當時住在日本的葡萄牙人，因為葡萄牙文的內衣叫做「Gibao」，「襦袢（じゅばん）」是根據葡語發音配上的漢字。總之，「襦袢」很快就從江戶的時尚發源地吉原流傳到全國各地。

不久，幕府頒布了「禁止奢侈令」，一般庶民只准穿褐、灰、藍等三種顏色的外衣。而江戶女性卻因而發現，在素色外衣襯托下，吉原妓女最愛的紅襦袢反而更能凸顯感官的刺激。而且迷信也認為紅色內衣能夠辟邪，所以江戶女性不論貴賤，人人都在素色的外衣下面穿一件紅襦袢，有意無意地在和服下襬或領口露出一抹豔紅。

明治初期，政府雖然大力推廣洋服，但大部分女性仍然偏愛和服，東京市內也有許多歷史悠久的半襟店。陳列在這些老店裡的商品做工精緻，動輒價值連城，夏目漱石在小說《門》裡介紹過一家半襟店，就是其中之一：

……他（宗助）走到專門出售半襟的京都「襟新」分店門前，把自己的帽簷緊貼櫥窗玻璃，觀賞窗裡那些繡工精巧的女性半襟。欣賞了好長一段時間，覺得其中有塊品味較佳的半襟，剛好適合給妻子使用。……

（《門》第二章）

丸髻、島田髻

日本女性的髮型從平安時代到江戶初期，幾乎全都是長髮披肩，也就是日文所謂的「垂髮」。

但是從安土桃山時代至江戶初期起，青樓女子、歌舞女伶開始梳髻，起初只是模仿男子把頭髮挽到頭頂。後來又慢慢發展出各式各樣的髮髻，並在全國掀起梳髻的風潮。

明治初期，政府呼籲女性梳理西式髮型之前，日本女性一直都沿襲江戶習俗，梳著各式傳統髮髻。當時的髮髻類型雖然多達數十種，但基本可以歸納為兩類：島田髻和丸髻（也叫圓髻）。

島田髷的名稱由來，因為最先是東海道島田宿（現在的靜岡縣島田市）的遊女（娼妓）發明的。江戶時代梳島田髷的女人大多是未婚，或從事藝妓之類特殊職業的年輕女性。

島田髷後來衍生出許多同系髮型，最常見的是「高島田髷」，就是把腦後的髮髻部分挑得更高一些，一般藝妓或年輕女性參加正式宴會都會梳這種髮型。

高島田髷腦後的髮髻部分被撐到最高點，就是「文金高島田髷」。現代和式婚禮的新娘都梳這種髮型。而相反的，「潰島田髷」和「天神髷」則故意壓低髮髻部分，展現一種從容不迫的氣場，所以具有獨立生活能力的女性，譬如像藝妓、女教師，都喜歡梳這種髮型。

至於前面提到的丸髷，則是江戶與明治時代已婚女性專用的髮型。「丸髷」這個名稱，直到江戶後期才開始出現。這種髮型的前身叫做「勝山髷」，是由江戶吉原一名叫做「勝山」的妓女發明的。

丸髷的外型單純質樸，只有一家之主的大老婆或商店的老闆娘才能梳這種髮型。按照江戶時代的規定，妾室不能梳丸髷，必須梳特定的髮型，譬如武士家的小妾只能梳「長船髷」，商人的小妾則梳「三輪髷」，年長女性都梳「松葉返髷」。

眾所周知，江戶時代的身分階級制度執行得非常徹底，直到明治初期，這種習俗仍沒有改變，各階級的男女各有規定的髮型、髮飾，他人只要看一個人的髮型和裝扮，就知道此人是已婚或未婚，甚至連職業、生活狀態也能猜到八九分。這種根據身分決定髮型的特殊社會現象，當然也是小說家喜歡利用的重要寫作素材。

夏目漱石在小說《後來的事》裡多次假借女人的髮髻描寫人物的心理。譬如男主角代助在劇場看到一個女人，她明明只是小妾，卻梳著「丸髻」假裝人家的大老婆。而當時社會上有個不成文的規矩，只有明媒正娶的正室才能梳丸髻。

……代助右邊的座位坐著一個跟他年齡相仿的男人，旁邊是他美麗的老婆，頭上梳著丸髻。代助用眼打量著那女人的側面，覺得她跟附近那群藝妓有些相似。……

（《後來的事》第十一章）

《後來的事》第五回裡，作者提到一位愛炫英語的未婚小姐時，特別用

「島田髻」來強調她愛出風頭的形象：

……很快地，另一位穿著和服，特意梳了島田髻的小姐……即刻插嘴接過話題。……那位小姐的英語說得也很不錯，……代助對她的英語非常佩服，一面聽一面想：「她的語言天分倒是比她的容貌強多了。」……

（《後來的事》第五章）

明治女性梳理傳統日本髮髻時，需要先用紙繩綁住根部的髮絲。當時有一種叫賣這種紙繩（叫做「元結繩」）的小販，整天都在大街小巷兜售。紙製品在當時非常昂貴，像公文、書信、書籍之類的廢紙，都有專門的業者負責回收，一般家庭更不會隨便丟棄廢紙，婦女也從小養成廢物利用的習慣，把家中的舊信紙捻成紙繩，用來梳頭。小說《明暗》的女主角阿延就因為丈夫津田燒掉舊信，而向他抱怨說：

……為什麼要把那些信燒掉呢？……阿延又問，為什麼放在

1. 未婚的年輕女性都梳「島田髻」。三代豐國「江戶名所百人美女湯島天神」一八五七年（日本國立國會圖書館）
2. 未婚女性參加宴會等正式場合常梳「高島田髻」。三代豐國「江戶名所百人美女淺草寺」一八五七年（日本國立國會圖書館）
3. 故意壓低髮髻的「潰島田髻」。三代豐國「江戶名所百人美女三田聖坂」一八五七年（日本國立國會圖書館）
4. 女教師、藝妓等喜歡梳「天神髻」。三代豐國「江戶名所百人美女淺草田町」一八五七年（日本國立國會圖書館）
5. 明媒正娶的正妻才有資格梳「丸髻」。三代豐國「江戶名所百人美女堀之內祖師堂」一八五七年（日本國立國會圖書館）
6. 武士家的小妾只能梳長船髻。三代豐國「江戶名所百人美女江戶橋」一八五七年（日本國立國會圖書館）
7. 商人的小妾規定梳「三輪髻」。三代豐國「江戶名所百人美女飛鳥山」一八五七年（日本國立國會圖書館）
8. 年長女性常梳「松葉返髻」。三代豐國「江戶名所百人美女駒形」一八五七年（日本國立國會圖書館）
9. 梳髻的情景。二代國貞「風流生人形」一八五五年（日本國立國會圖書館）

那裡生灰？怎不拿出來讓我們梳頭的時候使用呢？……

（《明暗》第八十九章）

有趣的是，做賊心虛的津田當時只能默默聽著妻子的數落。因為他燒的是前女友的情書，而他妻子根本不知道丈夫從前有過女友。

家紋

家紋是象徵家族的標誌，也是日本特有的文化產物。

家紋最早出現的年代是在平安後期，貴族在個人的日用品上面繪製獨特的紋樣，既可增加視覺的美感，又可作為裝飾，更便於識別物品的所有者。之後，貴族階級開始使用象徵家族特色的標誌，譬如天皇家的家紋為十六瓣菊花，江戶幕府德川家的家紋為三片葉子的山葵紋，叫做「三葉葵紋」。室町幕府足利家的家紋則是中間七朵花、兩旁五朵花構成的「七五桐」。有趣的是，這個「七五桐」紋章現在也印在日本的護照上，變成了象徵日本國的紋章。

家紋也可直接繡在布疋上。鍬形蕙齋「職人盡繪詞第二卷」一八〇六年（日本國立國會圖書館）

傳統藝術大師表演時穿著有家紋的服裝，藉以彰顯出身與血統。

十五世紀，室町幕府第八代將軍足利義政時期出版過一本《見聞諸家紋》，也叫做《東山殿御紋帳》，是現存最古老的家紋錄，其中收集了兩百六十多種家紋及官賜姓氏。而在六百多年之後的今天，日本的家紋種類已增加到五千多種。

江戶時代之前，家紋是貴族、武士的專利，主要用來彰顯個人的出身、血統、地位。江戶中期之後，家紋開始在庶民之間普及，甚至還被當作商標。第二次世界大戰之後，家紋代表的封建色彩受到某些族群的排斥，但一般民眾仍把家紋當成一種生活藝術裝飾。譬如像成人式、結婚典禮、畢業典禮之類的正式場合，大家仍會穿上印著家紋的禮服出席，以示鄭重。

有家紋的和服叫做「紋付」或「紋服」，共分三類：一個紋、三個紋及五個紋。五個紋的和服是最正式的禮服，分別在背部中央、左右胸前，左右袖管各印一個家紋。譬如像參加國家慶典或晉見天

武家婦女

傳統藝術表演者

皇時，就必須穿著五個紋的和服。三個紋的和服適合穿去參加婚禮、喜宴，至於像相親、看戲、聚會等比較輕鬆的場合，穿件一個紋的和服也就足夠了。

印製家紋的方法通常是在印染布疋時，先把家紋的位置空出來，等到和服縫製完成，再把衣服送去給專門印染家紋的職人加工。另一種更簡便的方法，則是把家紋直接繡在和服上。

夏目漱石在小說《明暗》裡曾經提到這種刺繡的家紋。女主角阿延陪她表妹繼子去劇場相親時，碰到一名年輕男人，「這位青年紳士身穿單色和服外套，上面用同色絲線繡著家紋，下面一條毛料行燈褲（《明暗》第四十八章）。」

等到阿延跟表妹入席後才發現，那位青年就是繼子相親的對象。這段文字裡作者沒有特別說明，但讀者已從描述中看出，青年的穿著既正式又不失時髦。

《後來的事》男主角去相親時，也特地換了印著家紋的和服外套：

……代助吩咐老女傭幫忙準備和服。雖然覺得換衣服很麻煩，但為了表達敬意，他還是換上一件印著家紋的夏季外套。

（《後來的事》第十二章）

小說《三四郎》的主角小川三四郎也有一件印著家紋的和服外套，是「三輪田家阿光的媽媽親手紡織，然後印上家紋，最後再由阿光親自縫製而成（《三四郎》第九章）」。阿光是三四郎的未婚妻，這件外套相當於訂婚的信物吧。

三四郎的好友与次郎對這件外套十分欣羨，極力慫恿三四郎穿去參加「精養軒」的學者聚會，甚至威脅三四郎說：「你不穿的話，我就要穿。」後來到了會場，与次郎又再三稱讚三四郎說：「你這外套看起來真神氣，很適合你穿。」說完，還裝模作樣地打量起外套上白色家紋的圖案。

類似狀況在其他的明治小說裡也出現過，譬如尾崎紅葉在小說《金色夜叉》裡有一段描述：

……他的嘴上留著不算太濃的鬍子，略微嫌大的鼻子上架著一副金邊眼鏡，身上穿一件黑色鹽瀨紡綢和服外套，上面印著五個家紋……，腰間繫一條六寸寬的綢腰帶，上面掛著懷錶的金鎖鏈……

（《金色夜叉》上篇第一章一之二）

這個身穿五個家紋外套的男人，就是女主角阿宮一見傾心的暴發戶富山維繼，他不僅衣著奢華，從頭到腳佩戴了令人矚目的金邊眼鏡、金懷錶，手指上還套著那個時代極為罕見的大鑽戒。

上述幾段文字明白地告訴讀者，穿紋服赴宴不僅單純是對其他出席者表示尊重，同時也是展現出身與教養的方式。

束髮、廂髮

明治初期，日本政府為了宣示「文明國家」的形象，極力推動以「穿洋服，剪短髮」為代表的服飾改革運動。一八七一年，政府頒布「散髮脫刀令」的同時，也規定公務員、警官等男性官員的制服全部改為洋服。第二年的一八七二年，天皇的大禮服也從和服改為洋式軍服。

但當時斷髮令規定的對象並不包括女性。所以越來越多的男人改梳洋髮，改穿洋裝的同時，女人卻仍然穿和服，梳髮髻，在外觀上跟男人的差距越來越遠。

一八八五年（明治十八年），陸軍軍醫渡邊鼎向社會高聲疾呼，女子梳髻既不方便，也不衛生，而且非常不經濟，為了改良風俗，他決定和「東京經濟雜誌」記者石川瑛作聯合組成「日本婦人束髮會」，並根據「鹿鳴館」晚宴中的日本貴婦髮型，設計了幾種簡單的西式髮髻。這些新髮型被稱為「束髮」，花樣很多，譬如像：花月結、夜會結、瑪格麗特卷、英國卷、二零三高地、西洋卷等。

豐原國周（一八三五～一九〇〇）「婦人束髮會」一八八五年（日本國立國會圖書館）

傳統的日本髮髻由於梳理費事，一旦梳成之後，就不能隨便拆開清洗。洗頭對當時的婦女來說，是一件大事，大約半個月才能洗一次，平時則請結髮師到家裡梳頭。職人把變形或鬆垮的髮髻拆開後，需要塗上更多髮油，才能讓髮髻維持固定的形狀。

結髮師在明治小說裡經常出現，譬如在小說《金色夜叉》裡，作者尾崎紅葉經由女主角阿宮母親的視角，描寫阿宮嫁給富商後的奢華生活。因為只有豪門富戶才有能力每天請結髮師上門梳頭。

……男主人已經出門上班，每天固定來幫阿宮裝扮的梳頭師傅剛剛離去，梳頭道具都散落在地上，沒有收拾。阿宮頭上盤著大丸髻，髻上綁著高級織花白綢做裝飾……

（《金色夜叉》後篇第三章）

《金色夜叉》的時代背景剛好處於女性髮型新舊交替的時期，阿宮婚後每天都找師傅來梳傳統的丸髻，或許也是為了炫耀夫家的財富與身分吧。不過小說一開頭，阿宮跟丈夫第一次見面的新年會上，她卻梳著當時風行一時的夜會結。

……女孩（阿宮）的髮髻梳成高高聳起的夜會結，髻上繫著淡紫色緞帶，身上穿一件豆沙灰皺綢外套，眼中露出饒有興致的神情，欣賞著身邊喧鬧的人群。……紙牌遊戲第一回合還沒結束，她的名字「阿宮」就已被所有賓客記住了……

（《金色夜叉》前篇第一章一之二）

夜會結是什麼樣的呢？據明治時代出版的《洋式婦人束髮》（村野德三郎編／一八八五年）介紹，夜會結的梳法是把腦袋兩側的髮絲與後腦勺的髮絲聚攏，往上擰至頭頂，再用髮夾或絲帶固定。

「日本婦人束髮會」成立時曾經印發大量宣傳手冊，教導婦女動手梳理新式的西洋髮型，許多女性都紛紛追隨仿效。不過當時出版的另一本《明治事物起原》（石井研堂／橋南堂／一九〇八年）則指出，夜會結等新髮型雖然風行一時，明治末期仍有很多婦女偏愛日本髮髻。

另一方面，傳統髮髻的梳法這時也出現了一些變化，譬如像傳統的丸髻，明治末期流行把前額和兩鬢都梳得比以往更蓬鬆。而這種改變，其實是受到當時流行的「廂髮」的影響。

「廂髮」也叫做「庇髮」，這種新式髮型故意把兩鬢和前額的部分梳得特別高聳，不論是夜會結、花月結或二零三高地結，看起來就像頭上戴著一頂大帽子，臉龐四周全都被蓬起的髮絲團團圍住。

《明治事物起原》還在第十五頁列出當時流行的髮髻插圖，其中包括新舊兩種髮髻：圖一「夜會結」、圖二「花月結」、圖三「二零三高地結」、圖四「長髮」。圖五至圖七是改良型丸髻，額前受到廂髮的影響，梳得高聳又蓬鬆。圖八「島田髻」、圖九「唐人髻」、圖十「裂桃髻」、圖十一「銀杏返髻」。

小說《三四郎》的女主角美禰子讓畫家為她寫生時，髮型就是廂髮，三四郎看到她髮絲下的美麗脖頸，因而為之傾倒：

……她（美禰子）的脖頸毫不掩飾地從襯裙衣領伸出，脫下的和服外套搭在椅上，在那梳著廂髮的腦袋上方，可以看到外套的漂亮襯裡。……

一
二
三
四
五
六
七
八
九
十
十一

（《三四郎》第十章）

廂髮的優點是既有傳統髮髻的韻味，梳理起來又很簡便。夏目漱石的小說《明暗》裡有一段文字，非常生動地描繪了廂髮的便利，以及傳統髮髻的不衛生：

……阿延親自收起被褥，又把客廳打掃一番，然後在梳妝台前坐下，解開四天不曾梳理的髮髻。她先用梳子把油汙的髮絲梳理了兩三回，再把臉龐周圍不聽話的髮絲勉強向上挽起，梳成廂髮。等她梳好頭，這才去叫女傭起床。……

（《明暗》第八十章）

小袖、元祿袖

「小袖」原本是平安時代的貴族內衣。當時的貴族習慣把好幾層寬袖衣袍疊在一起穿在身上，最裡層是一件窄袖衣袍，袖管呈圓柱狀，袖口比外層衣袍的袖口小很多。這件相當於內衣的貼身衣袍，就叫做「小袖」。外層的寬袖衣袍叫做「大袖」。

平安時代的貴族是統治階級，武士家族爭先恐後地把女兒送進宮廷去伺候貴族。這些女子在宮中服務時，為了便於工作，通常只穿一件小袖而不穿外袍。等到回家省親時，她們會穿著宮廷賞賜的「小袖」，故意在親友面前炫耀。所以「小袖」在平安時代既表示「貴族的內衣」，也代表「貴族的心腹」。

鎌倉時代以後，武士階級逐漸成為國家的實力掌控者，「小袖」的質料外觀則從初期的純白無紋演化出各色燦爛輝煌的花紋圖案。到了桃山時代和江戶初期，社會上出現擁有強大經濟實力的庶民，小袖的地位在這種時代背景下也隨之急速提升，武家和商家的女性開始把「小袖」當成彰顯身分、階級、財富的道具，小袖也在眨眼之間變成了婦女出席重要活動的禮服。

「小袖」的型態隨著它的重要性不斷變化，明治時代的小袖早已擺脫平安時代那種窄袖的形象。特別是鎌倉時代到明治時代的這段時期，小袖發展出好幾種各具時代特色的分支，譬如安土桃山時代（一五七三～一六〇三）出現的「桃山小袖」，因受基督教的影響而大量採用紅色花紋；寬永年間（一六一五～一六四四）出現的「慶長小袖」，大多採用紅、黑、白、黑褐做為底色；寬文年間（一六五八～一六七三）出現的「寬文小袖」，布料的花紋都以右肩為起點，再逐漸向左下方分布；元祿年間（一六八八～一七〇四）出現的「元祿小袖」，則是由京都的庶民階層開始流行。

以上幾種形態除了元祿小袖之外，其他的小袖和服現在都只能在博物館才能看到了。元祿小袖的袖口下方至腋下呈圓形，叫做「元祿袖」。因為袖管下方沒有多餘的布料妨礙勞動，所以現代的和式作業服、烹飪服都採用這

1	2	3

4

1. 「小袖」原本是平安貴族的貼身內衣，袖管呈圓柱狀。伊勢貞丈（一七一八～一七八四）《裝束著用之圖第一卷》（日本國立國會圖書館）
2. 穿在小袖外面的寬袖衣袍叫做「大袖」。伊勢貞丈《裝束著用之圖第一卷》（日本國立國會圖書館）
3. 繡著華麗圖案的大袖。伊勢貞丈《裝束著用之圖第一卷》（日本國立國會圖書館）
4. 江戶初期的浮世繪裡經常可以看到袖口下方裁成圓形的元祿小袖。師宣菱川（一六一八～一六九四）「職人盡倭畫（部分）」，原畫遺失，現存版本為於塚本武秀於一八六五年繪製的摹本（日本國會圖書館）

種袖型。

夏目漱石在小說《三四郎》裡曾經提到元祿袖，從文字裡可以看出，當時一般人難得見識真正的元祿小袖：

……房間對面的角落裡，有個東西正在閃閃發光。仔細望去，那是一件紫色小袖和服，下襬周圍全是金線刺繡的花紋。一根吊掛帷幕的繩索貫穿兩個袖管，小袖和服掛在繩上，看起來就像一件晾晒的衣物。和服的袖幅很短，而且袖口下方裁成圓形。這就是所謂的元祿袖吧……

（《三四郎》第十章）

明治時代把「和服」叫做「きもの（kimono）」，漢字卻寫成「小袖」。也就是說，「小袖」在明治時代即是「和服」的代名詞。大眾出門作客或與朋友聚餐時，都會穿著「小袖」出席以示鄭重。小說《金色夜叉》的作者尾崎紅葉在第一章提到歌留多夜宴的女主人時，曾用下面這段文字形容她的服飾：

……出來應門的女人看來四十多歲，頭上梳著丸髻，皮膚白皙，身材瘦削，個子很矮，身上穿一件茶褐細格花紋的小袖和服，外面罩一件黑色粗綢外套……

（《金色夜叉》前篇第一章一之一）

接著，作者又用下面這段文字介紹女主角阿宮未來的丈夫富山唯繼：

……他的嘴上留著不算太濃的鬍子，略微嫌大的鼻子上架著一副金邊眼鏡，身上穿一件黑色鹽瀨紡綢和服外套，上面印著五個家紋，裡面是一件華紋織的小袖和服，下襬拖得很長……

（《金色夜叉》前篇第一章一之一）

從這兩段文字可以看出，小袖在明治時代已是男女皆宜的小禮服。穿著這種正式服裝出席的場合，當然不能忘記教養與規矩。但是在小說《明暗》

裡面，夏目漱石卻用下面這段文字來描寫一位富商的小妾：

……平時一般女人穿小袖和服的時候，連裡面長襦袢的裙邊都不能露出半分，而這女人卻在津田的眼前大方展現長襦袢的豔麗色彩……

（《明暗》第一百七十四章）

隨意露出內衣的行為不僅是明治時代，就是在現代，也不是正經女子該有的，難怪男主角津田會懷疑那名小妾是藝妓出身了。

單衣、袷衣

明治小說裡的主婦似乎都很能幹，每天只要空閒下來，就拿著針線縫縫補補。小說《門》的開頭第一段就這樣介紹女主角阿米的日常生活：

……宗助一面想一面蹙起眉頭凝視太陽，看了一會兒，感覺有點頭昏眼花，便又翻個身，把臉轉向紙門的方向。宗助的老婆（阿米）正在紙門裡面做針線……

（《門》第一章）

受託為人縫製和服的裁縫叫做「仕立屋」。近藤清春《今樣職人盡百人一首》作者出生日期不詳，原書於一七一六年～一七三五年之間出版。（日本國立國會圖書館）

《後來的事》的女主角三千代為她肚裡的胎兒縫製了嬰兒服。後來流產失去了孩子，嬰兒服也變成了紀念品：

……（三千代）把手裡拿著的一捲紅色法蘭絨放在代助面前讓他看。

「這是什麼？」

「嬰兒的衣服。以前做的，做好之後就沒動過，一直收著沒拿出來。剛才被我從箱底翻出來了。」三千代一面說一面解開衣帶，把兩個衣袖向左右攤開……

（《後來的事》第六章）

最能幹的女主角則非《明暗》女主角阿延莫屬。為了替丈夫準備住院用品，她把自己的舊衣拆洗後做成一件棉袍：

……「這是哪裡來的？」津田問。「我做的啊。準備讓你帶去住院的。醫院那種地方啊，要是穿著不得體，會很沒面子的。」阿延答道。「這衣料是妳買的？」「不是，是我的舊衣服。本想留著冬天穿的。但拆開漿洗之後沒做成衣服，就直接收起來了。」……

（《明暗》第十八章）

由這幾段文字可以看出，明治時代的女性非常辛苦，不但要照顧一家老小的吃喝，還要張羅全家的穿戴。當時政府雖然規定官員上班必須穿洋服，但是大家下班回家之後，還是立刻換回和服。

一般所謂的「和服」，通常是指有襯裡的「袷衣」，質料以絲綢或棉布為主。一年當中穿袷衣的時間最長，從十月到五月都穿袷衣。冬季袷衣不夠禦寒時，就把絲棉塞進面料與襯裡之間，袷衣立即變身為棉衣。

沒有襯裡的和服叫做「單衣」，通常使用棉布縫製，夏季的浴衣就是最典型的單衣。但為了配合季節微妙變化，單衣有時也用毛呢或紗羅等質料縫製。譬如《後來的事》女主角三千代提著三枝白百合去找代助的時候，身上就穿著毛呢單衣。因為當時正是梅雨季節，節氣雖已入夏，天氣卻很溼冷。

每年端午過後，人們忙著收拾袷衣，換上單衣。夏季的棉布浴衣相當於休閒服，只適合居家或遊玩時穿著。夏季出席正式場合的單衣則採用紗、絽、羅等透氣性較佳的絲織品縫製。

遇到季節更迭的時期，天氣乍暖還寒，街頭不免出現袷衣單衣同時登場的情況，甚至還有人故意把亂穿當成時尚。譬如《我是貓》裡面就提到「光腳穿袷衣」是一種流行：

……（古井）跟普通學生一樣穿著袷衣，布料是耐洗的飛白布，看不出產地是薩摩、久留米，還是伊予。袷衣裡面沒穿襯衫也沒穿襦袢，本來光腳穿袷衣是很豪邁的穿法，但這年輕人卻只給人留下狼狽的印象……

（《我是貓》第十章）

明治時代的女性喜歡用紅絹做袷衣的襯裡。因為染印紅絹時必須先用鬱金打底，再用花紅上色。而日本民間認為，鬱金和花紅都是治療女性手腳冰冷的良藥。

縫製和服的布料一卷的長度約十公尺，寬度約三十六公分，叫做「一反」。二反連成一卷叫做「一疋」。所以出售絲綢衣料的商店叫做「反物店」，這種布店只賣成疋的布料，不零售。所以一般人想做皮包、布袋之類的小物時，就得向挑擔叫賣的布販去買。

和服清洗起來非常麻煩，單衣可整件下水搓洗之後晾乾，袷衣則必須拆開，把布料縫接成當初的整卷狀態。洗淨後為了防縮防皺，必須貼在漿洗板或用竹籤串起來晾乾，然後再重新縫製成和服。

小說《後來的事》裡出現過漿洗和服的場景。只是這種漿洗和服的情景，今天已經完全看不到了。一是因為穿和服的人變少了，二是因為大家現在都把和服送到專業洗衣店去洗：

……他（代助）循著屋內的聲響繞到後門，看到三千代正在跟女傭一起漿洗衣物。漿洗板豎著斜靠在倉庫旁的牆上，三千代正從木板背後伸出纖細的脖頸，彎身把那皺巴巴的衣物細心地攤開拉平……

（《後來的事》第十三章）

明治時代訂製和服的裁縫店。（江戶東京建築園。立場正夫／攝影）

草履、木屐

小說《後來的事》的開頭第一段描寫男主角代助的夢境。夢中，他感覺一雙砧板木屐從天上掉進腦殼：

耳邊傳來一陣急促的腳步聲，好像有人從門外飛奔而去，也在這時，代助腦中突然掉下一雙巨大的砧板木屐。但緊隨腳步聲逐漸遠去，那雙木屐又忽地一下從他腦殼裡竄了出去……

（《後來的事》第一章）

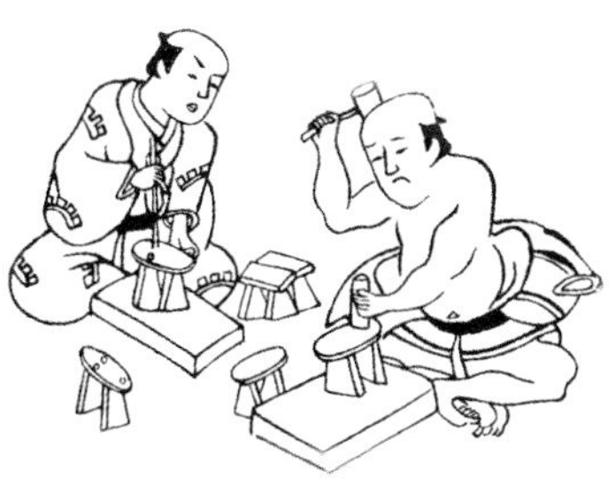

足駄師。「足駄」即是高齒木屐。近藤清春《今様職人盡百人一首》（日本國立國會圖書館）

這段文字裡的砧板木屐（日文為「俎下駄」）究竟是什麼？現代日本的年輕讀者幾乎無人知曉，就連木屐店的店員也說不出答案。但是除了《後來的事》之外，夏目漱石在《我是貓》、《虞美人草》、《春分之後》、《坑夫》、《明暗》等作品裡都曾提到砧板木屐。

譬如《明暗》裡那個穿砧板木屐的男人，是在街頭賣藝的魔術師，他能徒手從空布袋裡掏出好幾個雞蛋。而《我是貓》也有關於砧板木屐的描述，這段文字給讀者留下的印象是，梧桐木非常適合用來製作砧板木屐：

> ……七八行梧桐樹毫不示弱地占據了北邊。樹幹已有一尺多粗，如果賣給木屐店，一定能賣個好價錢……前陣子學校的雜工過來砍了一根樹枝，下次再來的時候，穿了一雙嶄新的砧板木屐，別人還沒問他，他就自吹自擂說：「這鞋就是拿上次的樹枝做的。」……
>
> （《我是貓》第八章）

砧板木屐是明治時代最常見的男用木屐，也叫高齒木屐、足駄、厚齒、書生木屐。當時的舊制高中（相當於現代的大學預科）學生的標準裝束，就是黑披風配一頂破爛的學生帽，腳下再踩一雙砧板木屐。

據明治時代出版的《東京風俗志》（平出鏗二郎／富山房／一八九九～一九〇二）介紹，木屐最早出現在日本，是在紀元前的彌生時代，農夫為了便於耕作而發明了「田木屐」，樵夫也為便於登山而製作「山木屐」，至於「草履」，則是在平安時代才發明的，貴族把草鞋改良後做成了草履。所以木屐是日本歷史最悠久的鞋類。

但不論草履或木屐，基本構造都是在腳底形狀的鞋墊上裝一副夾在腳趾間的鞋帶。兩者唯一的分別就是，草履的鞋墊是用稻草或竹皮編織而成，木屐的鞋墊則是用杉木、櫸木或梧桐木刻鑿而成。利用整塊木頭鑿成鞋墊與屐齒的木屐，叫做「駒木屐」，因為形狀像馬蹄而得名。江戶、明治時代的女性都喜歡穿這種木屐。男性則偏愛鞋墊下面插入屐齒的「高齒木屐」，或屐齒較低的「日和木屐」。

日本在明治初期的城市建設比較落後，街道的路面下過雨雪後總是泥濘不堪，木屐則因為鞋墊高出地面五公分以上，穿木屐上街不容易把腳弄髒。所以明治小說裡的男女主角通常都是穿木屐出門。

江戶時代在路邊販賣木屐的小販。廣重（初代）「淨瑠理町繁花之圖」一八五二年（日本國立國會圖書館）

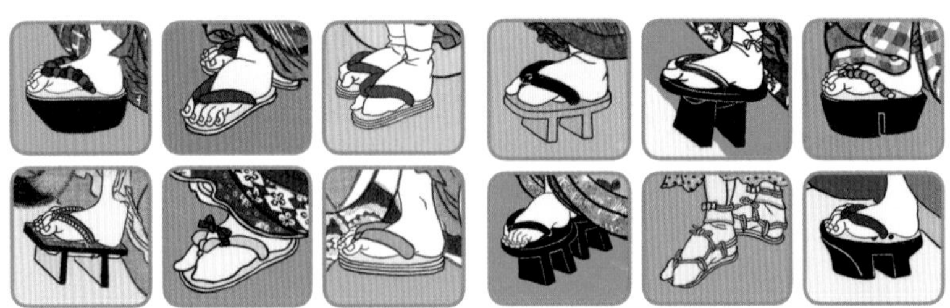

浮世繪裡出現的各種木屐與草履

不過，小說《三四郎》主角三四郎第一次在東大校園遇到美禰子的時候，美禰子的腳上並沒穿木屐。「……他（三四郎）看到她穿著草履，但草履上那根夾在腳趾間的鞋帶顏色，可就看不清了……」（《三四郎》第二章）。這雙沒被看清鞋帶顏色的草履，後來變成了美禰子的標誌。有一次，三四郎到畫家原口先生家去看他作畫，還沒進門，就知道美禰子已經來了，因為「玄關裡放著美禰子的草履，左右兩邊夾腳的鞋繩顏色不一樣，三四郎記得很清楚」。（《三四郎》第十章）

作者夏目漱石並沒交代美禰子初遇三四郎的時候為何沒穿木屐，但從小說後來的描述，三四郎在醫院聽到護士穿草履的腳步聲，由此推測，美禰子是因為到醫院探病，怕吵到其他患者，所以故意沒穿木屐。

木屐在明治時代深受庶民的喜愛，但在今天的日本，木屐卻已面臨淘汰的窘境。因為現代化城市居民追求高度的寧靜，江戶、明治時代象徵悠閒、雅趣的木屐聲，現在卻被視為噪音，甚至遭人厭棄。這種現象實在令人感慨。

「喀啷喀嚨（カランコロン）」（木屐聲）在江戶時代曾經代表怪談故事的開場鑼，譬如像《番町皿屋敷》的阿菊，《牡丹燈籠》的阿露，《四谷怪談》的阿岩……這些鬼怪故事的女主角，都是在一陣「喀啷喀嚨」腳步聲裡現身的。但隨著木屐的消逝，未來的日本人可能連這些鬼怪故事的氣氛都

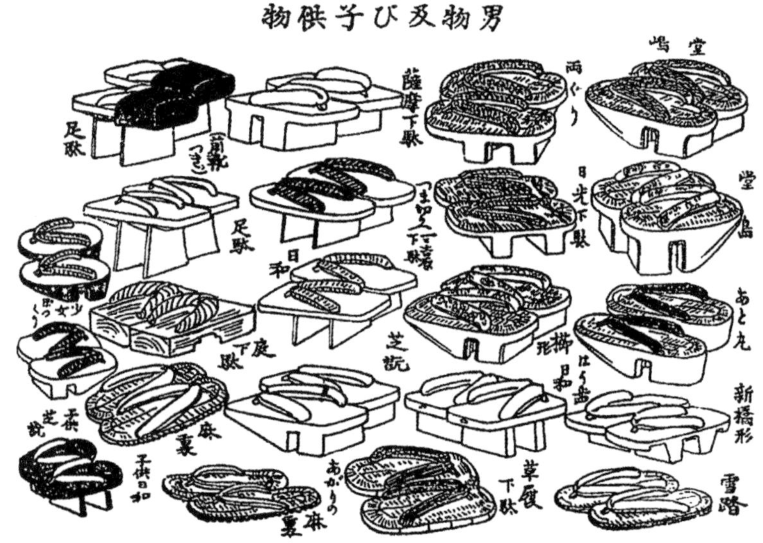

明治時代的各種男用與兒童木屐與草履。平出鏗二郎《東京風俗志中》一九〇一年（日本國立國會圖書館）

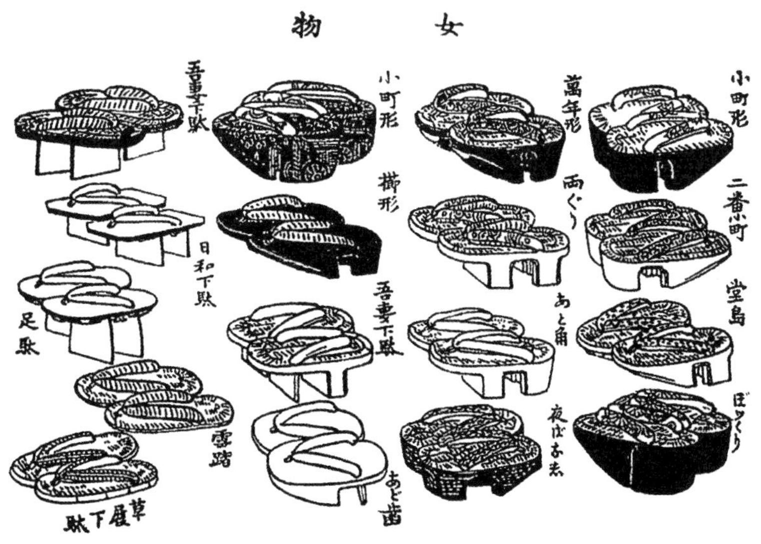

明治時代的各種女用木屐與草履。平出鏗二郎《東京風俗志中》一九〇一年（日本國立國會圖書館）

無法想像了吧。

相對的，草履的處境就比木屐幸運得多。現代穿著和服的人雖然變少了，而且也有人把「皮鞋配和服」視為流行時尚，但一般人穿和服的時候，還是習慣穿著草履，幾乎家家戶戶都會準備一兩雙草履。

第三章
居住

▶床間的牆上掛著畫軸，地上擺設插花。十九世紀美國動物學家摩斯（Edward S. Morse，一八三八～一九二五）《日本建築與環境》（*Japanese Homes and Their Surrounding*）一八八六年（維基百科的公共領域圖片）

床間

床間是日本和室的一種裝飾，也叫凹間、壁龕，簡單地說，就是在房間的一角做出的內凹小空間，牆上隨著季節變化更換掛軸，地面的木板上擺設插花或盆景。

床板的起源最早可追溯到南北朝（一三三六～一三九二），從當時留傳至今的繪卷「慕歸繪詞」可以看出，最早是由僧侶在佛畫前方放置長桌，上面擺設「三具足」（香爐、花瓶、燭台），後來才改用木板（叫做「押板」）在榻榻米的房間裡建造一塊固定的空間。後人把這塊空間稱為「床間」。

「慕歸繪詞」是日本最有名的大和畫（日本畫），現藏於京都的西本願

1
―
2

1. 設置床間的房間位於整棟建築的最佳位置。（江戶東京建築園。立場正夫／攝影）
2. 床間前方的座位是上座。貴客背對床間而坐。（江戶東京建築園。立場正夫／攝影）

寺，並已被指定為重要文化財。南北朝時代，西本願寺覺如上人的兒子慈俊念念不忘已故的父親，所以邀集畫工，把父親生前的日常情景記錄在畫軸上。全部共十卷，於一三五一年完工。現在已成為研究日本南北朝生活情景的珍貴資料。

日本一般民宅只有一個房間裡設置床間。這個房間通常座落在整棟房屋最好的位置，專門用來招待貴客，日文叫做「座敷」，也就是和式客廳之意。房間的落地紙門外面都有迴廊環繞，廊外的庭院都經過精心設計，除了茂密的花草樹木外，還有小橋、池塘、假山等。

緊鄰「床間」旁有一根屋柱，叫做「床柱」，也是床間的重要裝飾。喜歡炫富的人家可能花費比房屋更高的價格購買上好木料製成「床柱」，更講究的還在柱子表面加上精美的雕刻。

座敷一般是指日式客廳，但是對居住面積侷促的人家來說，座敷經常也是主人夫婦起居的空間。譬如小說《門》的主角宗助和阿米，這對夫婦每天晚上就睡在客廳裡：

……他們夫婦晚上有個習慣，睡著之後仍然點著燈，總是先把燈蕊捻細之後，再把油燈放在床間裡……

（《門》第七章）

「床間」最初只有僧侶在自己的居室裡搭建，後來到了室町時代，由於武士的府第經常需要迎接上使（天皇派來的使臣），所以便仿效僧侶，在家中設置象徵高貴神聖的「床間」。床間前方的位置則是上使專用的上座。明治時代以後，日本的庶民也開始在家中搭建床間，這個位置就變成了貴客的座位。

小說《我是貓》有一段文字介紹過這個貴客的座位，並把這個座位的重要性描繪得十分生動：

……這位一本正經的老人看起來非常講究禮節，指著床間催促主人說：「來，請到這邊坐。」如果是兩三年前，主人是不在乎坐在哪個位置的，直到他從某人那裡聽到床間前方的來頭時，才知道床間是由上座演變而來，一般是皇家使者才能坐的地方。於是他再也不肯坐在床間前面。再說這位陌生老人正在那裡坐著，主人就更不敢了，一緊張，他甚至連打招呼都不會了……

（《我是貓》第九章）

小說《明暗》裡的吉川夫人自認是男主角津田的貴客，她去探望津田時，還親自帶了一盆鮮花，用來裝飾自己即將坐在前方的床間：

……夫人回頭望了一眼帶她進屋的護士。護士的兩手抱著一個花盆，夫人像徵詢似的問道：「這個放在哪裡？」……護士把花盆放在床間地板之後，夫人才在自己的位子坐下……

（《明暗》第一百三十一章）

這種「床間前方是上座」的習俗，也被作家用來暗示過小說的結局。《明暗》是夏目漱石的最後一部作品，可惜還沒寫完，他就已去世了，《明暗》因而成為未完的小說。但事實上，讀者從津田的前女友清子安排兩人久別重逢後的座位，應該就能猜出小說的結局了。

……津田看到前方的床間地上，擺著一盆貌似剛剛插好的寒菊。花盆前面相對擺放兩個坐墊。……他還沒坐下，心裡就已生出這種直覺：「一切都弄得如此正式。這就是一種命定的距離吧？……

（《明暗》第一百八十三章）

如果清子願意跟津田重續舊緣，或許就不會故意設計這種「命定的距離」，而會讓津田坐得更輕鬆更隨意吧？

迴廊

「迴廊」是日本傳統建築的特色，日文叫做「椽側」或「緣側」，最早起源於平安時代。現存最古老的迴廊，在奈良時代興建的法隆寺東院的傳法堂。

平安貴族的居所地面只鋪了一層木板，不像現代住宅的和室地面全部鋪滿榻榻米。古代建築的屋簷既深且長，房屋周圍都被屋簷深深覆蓋，為了活用屋簷覆蓋的部分，古人想到搭建環繞主屋的木板走廊，不僅進出時可免去日曬雨淋之苦，還可增加房屋的使用面積。這圈木板走廊就是現代「迴廊」的前身。

許多古代繪卷都顯示，當時的建築除了在主屋外圍搭建迴廊，有時還在迴廊外側再搭建一圈走廊。當然這圈走廊受不到屋簷的庇蔭，所以是一種露天走廊。但不論有沒有屋簷遮蓋，凡是環繞主屋搭建的走廊，都叫做迴廊。

搭建迴廊必須擁有充裕的土地，日本的庶民有能力購買土地，在自家住宅建造迴廊，是在明治時代以後的事情。有些人家還把掛在迴廊外側的竹簾換成玻璃落地窗，冬季坐在窗內賞雪，夏季打開窗戶通風。從室內望出去，迴廊跟庭院融為一體，彷彿就是庭院的一部分，所以說，迴廊也是庶民在日常生活中感受四季氣氛的最佳場所。

夏目漱石的小說《門》第一個場景，就是在迴廊邊揭開序幕：

> 宗助剛剛拿一塊坐墊來到迴廊邊，他先選個陽光充足的位置，盤腿坐下，然後輕鬆悠閒地晒著太陽。……美麗的晴空一片蔚藍，跟他身下這塊狹隘的迴廊比起來，天空實在好廣闊啊……
>
> （《門》第一章）

迴廊既是庭院的一部分，也是分隔住宅「內」與「外」的緩衝地帶。平安時代的宮廷女官為了隨時聽候主屋內的主人差遣，整天都在迴廊待命。迴廊在平安時代也叫做「廂間」（即廂房之意），是女官的寢室兼休息室，所以迴廊自古就被視為一種極私密的空間，只有自家人可以隨意進出，外人不可越雷池一步。

小說《明暗》裡有一段文字正好印證了這種迴廊屬於自家人的現象：

……津田在迴廊邊坐下，嬸母也不請他進屋，兀自拿著一把炭火熨斗燙著鋪在膝上的紅綢布……阿金善良地發出一陣「呵呵呵」的笑聲，……轉身想幫津田拿個坐墊過來，但津田做了一個制止的手勢，便自行登上迴廊走進客廳……

（《明暗》第二十五章）

「廂間」在古典文學裡常被設定為男女展開戀情的場所。古代的男子若想追求主屋裡的女子，首先必須設法越過迴廊外側的竹簾。身分比女子低或女子覺得可疑的男子，是不可能獲准進入迴廊的。只有身分高貴或深得女子信任的男子，才能獲准踏上迴廊。

1
—
2

1. 平安時代貴族的居所地面鋪著一層木板，榻榻米在當時是非常珍貴的東西，只有達官顯貴才有資格使用。高階隆兼「春日權現験記卷十二」一三〇九年（日本國立國會圖書館）
2. 主人和身分高貴的賓客坐在室內，奴僕待在迴廊聽候差遣。高階隆兼「春日權現驗記卷十一」一三〇九年（日本國立國會圖書館）

1 | 2 / 3

1. 迴廊在古典文學裡常被設定為男女展開戀情的場所。（江戶東京建築園。立場正夫／攝影）
2. 京都御所的宮殿周圍有迴廊環繞。
3. 迴廊既是庭院的一部份，也是分隔住宅「內」與「外」的緩衝地帶。（江戶東京建築園。立場正夫／攝影）

明治文豪夏目漱石熟讀古典文學，當然也知道這個典故，所以在小說《三四郎》和《後來的事》裡都曾利用迴廊做為男女主角傳遞心意的場所。

《三四郎》的女主角美禰子第一次向三四郎自我介紹，就是在廣田老師新家的迴廊邊。美禰子走進院子時，三四郎大吃一驚，因為她就是上次在池邊遇到後，讓他日夜牽腸掛肚的女人：

……三四郎從迴廊邊站起來。女人也從木門邊走過來……

「那我也在這兒等一下吧。」女人笑著說，語氣有點像在徵求三四郎的同意，他心裡很高興，便隨口應道：「嗯。」三四郎原本想說：「嗯，妳就在這兒等吧。」他只是把這句話縮短了。

……三四郎正在瀏覽名片的這段時間，女人已在迴廊邊坐下。

「我以前見過妳。」三四郎說著把名片收進袖筒裡，抬起頭來。

「是的。有一次在醫院裡……。」女人答完轉過頭來。

「還有一次。」三四郎說。

「還有，就是在池邊……。」女人不加思索地答道。她記得這麼清楚，三四郎反而沒話可說了……

（《三四郎》第四章）

《後來的事》男主角代助跟有夫之婦三千代在迴廊邊的談話，更是十分露骨，即使在一百多年後的今天，讀來仍然令人震撼。

……代助把坐墊拉到拉門的門框上，半個身子伸出迴廊靠在紙門上。平岡（三千代的丈夫）不在家。

……「他（指平岡）平日總是這麼晚回來嗎？」代助問。「嗯，可以這麼說吧。」三千代微笑著回答。代助從她的微笑裡看出某種寂寞，他抬起眼，正面凝視著三千代的臉孔。

……臨走前，他掏出皮夾裡所有的錢交給三千代……

「那個戒指妳都收了，這不是跟那東西一樣嗎？就當我又給妳一個紙戒指吧。」代助說……

（《後來的事》第十二章）

欄間

日式傳統建築裡，有一種用來填補門框至天花板之間空隙的獨特裝置，叫做「欄間」。

中文的「楣窗」跟欄間的意義相仿，也是指「門框橫木上面的窗戶」，但是楣窗通常只是簡單的氣窗，不像日本的「欄間」那麼講究，而且日本甚至還發展出一項特殊職種，叫做「欄間師」。

日式建築裡面安裝欄間的主要目的，是為了透氣與採光，所以大部分「欄間」都採用鏤空木雕，或用細木條拼成格子花紋。傳統的欄間木雕畫常以富士山、寶船、花鳥、龜鶴、七福神等寓意吉祥的圖畫為主題。

精於雕刻的欄間師現在只能製作小型木刻工藝品維生。近藤清春《今樣職人盡百人一首》作者出生日期不詳，原書於一七一六年～一七三五年之間出版。（日本國立國會圖書館）

明治維新以後，日本的上流階級流行把家中的日式房間改為洋室，欄間木雕畫的主題也從傳統吉祥畫轉向西洋故事。

小說《後來的事》男主角代助生長在豪門世家，他父親的老宅改造時，就由代助負責室內設計。眾所周知，作者夏目漱石年輕時曾經立志要當建築師，這段文字剛好證明他對建築的博學多識：

……這個房間是家裡最近增建的洋式建築，室內裝潢和大部分的設計工作，都是代助根據自己的靈感，特別尋訪專家幫忙訂做的。特別是鑲嵌在欄間的鏤空木雕畫，更是他拜託相熟的畫家朋友，一起斟酌討論之後得出的成果……

（《後來的事》第三章）

代助設計的欄間木雕畫究竟畫了什麼呢？作者下面這段描寫實在令人跌破眼鏡：

……昏暗的房間裡，那幅畫裡的深藍浪濤捲起點點白沫，看得十分清晰。這是代助請人畫上去的，波濤洶湧的海上，層層金雲堆積在空中。如果仔細觀察就能發現，那團雲朵的輪廓畫得非常巧妙，看來極像一座巨大的裸體女神……

（《後來的事》第七章）

或許公開欣賞裸體也是文明開化的一部分，但是用裸體女神裝飾一般住家的客廳，確實令人有些意外。但從這段文字可以看出，明治時代的欄間木雕畫已從古代的單純木料原色進化為著色的彩色木雕。這種彩色欄間畫，在江戶時代的浮世繪裡也時有所見。

欄間在日本已有千年以上的歷史，據資料顯示，最早的欄間出現在奈良時代的寺廟建築，因為廟堂的屋宇高聳，室內光線不足，所以才把門框與屋頂之間的板牆改為透光的縷空雕花。

日本最古老的欄間現在保存在京都宇治市的平等院鳳凰堂。平等院原是平安貴族藤原道長的別墅，道長去世後，他的兒子藤原賴通把別墅改為佛寺，並於一〇五三年改建為鳳凰院，供奉阿彌陀佛像。這座佛堂現已被指定為世界遺產，名列「世界百大建築」。

鳳凰堂的巨型佛像高達三公尺，佛像四周的欄間上畫滿小型佛像，共有五十二尊。這些佛像的姿態多樣，表情各異，有的合掌，有的飛舞，有的手持蓮花，有的演奏各種樂器，名為「雲中供養菩薩像」。

欄間在平安時代從寺廟普及到貴族階層，而一般庶民開始在家中裝置欄間，還是在江戶時代以後。而且直到明治時代，家中有餘裕裝飾欄間的，仍然只限於富裕階層，尋常百姓家裡大多只用一片板牆或小型紙窗代替欄間。譬如小說《門》的主角宗助家裡的欄間就是光禿禿的一層板牆：

……室內的北邊有個床間，……屋頂跟門框之間的欄間沒掛任何鏡框，只釘著兩個閃閃發光的黃銅掛鉤……

（《門》第一章）

日本由於氣候潮溼，傳統建築十分重視室內空氣的流通，特別是像廚房這種溼氣較重的地方，更不能沒有對外透氣的開口。夏目漱石在小說《我是貓》裡曾提到，苦沙彌老師家的廚房就是借用客廳的欄間當做氣窗：

1	2
3	4
5	6

1. 欄間上採用細木條拼成格子花紋。（日本熊本縣的百年老宅。立場正夫／攝影）
2. 日式建築安裝欄間的主要目的，是為了透氣與採光。（日本熊本縣的百年老宅。立場正夫／攝影）
3. 傳統的欄間木雕畫常以寓意吉祥的圖畫為主題。（江戶東京建築園。立場正夫／攝影）
4. 只用木格做成通風口的欄間。（江戶東京博物館模型。立場正夫／攝影）
5. 明治時代以透光為主要目的的玻璃欄間。（江戶東京建築園。立場正夫／攝影）
6 看似木條編成的欄間其實是做工精細的木雕工藝品。（江戶東京建築園。立場正夫／攝影）

江戶晚期的浮世繪裡時常可以看到彩色欄間畫。豐國（三代）「當世源氏忍玉葛」一八五七年，（日本國立國會圖書館收藏）

……主人家的廚房沒有氣窗，客廳門框上方倒是有塊一尺寬的欄間，這段空隙就代替了氣窗，一年四季都有南風北風吹進吹出。夜深了，無情的風兒吹散了夜櫻，驚醒了正在熟睡的我……

（《我是貓》第五章）

目前日本的欄間最大產地在大阪和以工藝雕刻著名的富山縣井波。大阪因為自古商業繁盛，財力雄厚的大商家爭相訂購奢華的欄間藉以炫富。但在傳統建築日漸式微的今天，欄間職人不僅後繼無人，也面臨英雄無用武之地的窘境，許多職人不得不設法把欄間雕刻改造成屏風之類的擺設，或是靠製作小型木刻工藝品維生。

障子

「障子」是指傳統日式建築裡用來作為間隔的可拉式紙門或紙窗。現代建築雖然也在和室的玻璃窗內側裝設「障子」代替窗簾，但因為很多新型建築淘汰和室，所以障子正在逐漸退出時代舞台。

障子的構造很簡單，在木條組成的窗框與窗櫺上，用米漿製成的糊料貼一層和紙（傳統日式棉紙）。明治時代的日本住宅全都是和室，所以每個房間都有障子。障子上的和紙從早到晚承受風吹日曬，有時還被雨水淋溼，當然免不了破裂脫落，因此障子紙每年都需重糊。而這項差事通常都落在家庭主婦肩上。

製作障子的職人叫做「障子師」或「戶障子師」，也叫「建具師」。近藤清春《今樣職人盡百人一首》作者出生日期不詳，原書於一七一六年～一七三五年之間出版。（日本國立國會圖書館）

夏目漱石的小說《我是貓》裡，主角苦沙彌老師和好友寒月有一段對話就提到，女人必須會糊障子才能嫁人：

「老師，府上的障子重新糊過啦？誰糊的？」寒月問。
「幾個女人弄的，糊得不錯吧？」
「嗯，很不錯。經常到府上來的那位小姐弄的？」
「對，她也有份。她還吹牛呢，說什麼自己糊得那麼好，完全有資格嫁人了。」
「哈哈，說得好。」說完，寒月仔細打量著紙門。
「這邊倒是挺平的，可是右邊的紙沒弄勻，多出來了，都起皺啦。」
「那邊是剛開始糊的時候弄的，還沒經驗嘛。」

（《我是貓》第十章）

但令人感到意外的是，夏目漱石家裡的障子卻是由文豪親手糊上去的。明治作家內田魯庵寫過一篇散文〈柔情萬千的夏目先生〉（《內田魯庵全集

1
2 3

1. 明治時代的日本住宅全都是和室，每個房間都有障子。下端用木板代替和紙的紙門叫做「腰板障子」。（江戶東京建築園。立場正夫／攝影）
2. 最常見的「水腰障子」就是在方格狀窗櫺上黏一層和紙，沒有其他裝飾。
3. 下雪時可從下方玻璃窗欣賞雪景的障子叫做「雪見障子」。

第四卷》／優瑪尼書房／一九八五年），他在文中透露，有一天經過夏目家，內田突然心血來潮，決定進去拜訪，不料夏目漱石正在糊障子。主人還很興奮地對客人說：「我剛糊了一半，請等我三十分鐘，糊完再來陪您聊天。」

夏目漱石不但喜歡自己糊障子，還喜歡把弟子鈴木三重吉和小宮隆豐叫來幫忙。每次辛苦一天完成糊障子的作業後，他會發給兩名弟子每人五元零用錢。當時漱石在東京帝國大學擔任講師的年薪是八百元，作家正岡子規在「日本新聞社」的月薪是四十元，還在就學的弟子一天就能賺到五元，算是很不錯的收入了。

或許因為平日累積了豐富的糊窗經驗，夏目漱石在小說《門》裡把女主角阿米與小叔小六糊障子的過程描寫得格外生動。

> ……（小六）以前住在叔父家的時候……糊過自己房間的紙窗。……但後來等到棉紙全乾，要把紙窗裝回去的時候才發現，兩扇窗櫺都變得歪歪扭扭，無法放進窗框的槽溝裡了。後來，……小六又體驗過另一次失敗，那次是因為聽了嬸母的吩咐，在糊紙窗之前，先用自來水嘩啦嘩啦地沖洗了窗櫺，結果紙窗變乾以後，整扇窗櫺都變得歪七扭八，幾乎沒法卡

進窗框裡。「嫂子，糊紙窗啊，一不小心就會失敗的。千萬不可用水沖洗唷。」小六一面說一面啪啦啪啦地扯掉起居室靠迴廊邊的窗紙……

（《門》第八章）

障子的種類很多，最常見的叫做「水腰障子」，就是在方格狀窗櫺上黏一層和紙，沒有其他裝飾；其次是在下端用木板代替和紙的「腰板障子」，通常裝在廚房等溼氣較重的房間；還有一種「雪見障子」，下半部是雙層構造，外層的窗櫺裝上玻璃，裡層加上一層可以上下滑動的和紙障子，以便拉開觀察室外。此外，和室建築裡用來間隔房間的紙門「襖（ふすま）」，也是一種障子，全名叫做「襖障子」，是在木條骨架的兩面貼上「唐紙」（做工精美的高級棉紙），所以「襖障子」的別稱也叫「唐紙」。

障子紙的種類也很多，有些紙面呈現雲紋、龍紋、山水紋、草木紋等各種花紋，有些甚至還撒上金粉，或染成各種顏色……，但是一般家庭所追求的，還是以實用為主，最重要的，就是不易弄破。所以現在一般障子紙都以「腳踢不裂，貓抓不破」為宣傳。

根據小說《門》的文字描述，明治時代的高級障子紙應該是美濃（今天的岐阜縣）生產的和紙。因為小說裡提到，小六看到嫂嫂連美濃紙都捨不得買，心裡覺得很不屑，還對阿米說：「這種紙啊，沒過幾天又會破的。」阿米究竟買的是什麼樣的障子紙呢？原來，她為了省錢，不但沒買最好的美濃紙，竟還買了零碼的障子紙。這種紙買來之後，需要自己一段一段黏接起來：

……小六一面說，一面把一卷三十公分左右的零頭紙拉開，對著太陽用力抖了兩三下。……兩人一起把那段黏成長條的棉紙從兩頭用力拉扯幾下，想讓棉紙盡量不要起皺。……

（《門》第八章）

眾所周知，夏目漱石當年辭去東大教職，改當職業作家的理由，就是因為八百元年薪無法扶養七名子女。或許，小說裡這段零頭紙糊障子的插曲就是文豪的親身經歷吧。

手洗水

小說《三四郎》第五章寫到三四郎去找同鄉野野宮宗八，他剛走進野野宮家的院門，眼前就出現了這幅景象：

……掛在廁所簷下的洗手罐旁種著一株南天竹，這棵樹也長得很高，總共只有三根竹枝，緊靠在一塊兒搖來晃去，竹葉剛好遮住廁所的窗戶……

（《三四郎》第五章）

這段文字裡的「洗手罐」，日文叫做「手洗水（てあらいみず）」，原本是指「掛在廁所門口用來洗手的水或裝水的容器」。

傳統日式木屋的廁所通常位於迴廊的盡頭，庭院就在迴廊的下方。所以南天竹看起來好像種在洗手罐旁邊。小說裡接著又提到荻花，這是三四郎第一次去找野野宮的時候已經看過的：

……荻花與南天竹之間隱約可以看到一段迴廊。迴廊以南天竹為起點，斜斜地向前伸展，一直伸向荻花的位置。荻花樹枝形成的陰影遮住了迴廊的另一頭……

（《三四郎》第五章）

現代讀者或許難以想像洗手罐的模樣，但是在明治時代，這東西卻是家家戶戶必備的生活道具，就連國鐵火車的廁所門口，都掛著一個鐵桶狀的洗手罐。乘客上完廁所後，用手掌向上擠壓桶底的活動開關，就會有清水從水管狀的開關流出來。

有些追求風雅的人家則在迴廊盡頭的院中安置一個石雕或陶瓷的小水池，叫做「手水缽」，也就是「洗手池」，同時還在迴廊簷下掛一塊手巾，供人擦手。更講究的高級餐館或豪門府邸更會派一名女侍守候一旁，等客人從廁所出來，立即用竹製的長柄勺舀水替顧客沖手，然後遞上擦手的手巾。

手洗水也叫做「手水（ちょうず）」，就像中文的「洗手」一樣，「手水」還有另一個含意：上廁所。森鷗外在小說《青年》裡描寫主角小泉純一非常嫌棄旅途中住過的破舊旅館，所以第二天早上一睜開眼，他「根本不想用這家旅館的手水，就匆匆忙忙結完帳，離開了旅館」。（《青年》第二十二章）

事實上，日本人使用手洗水的歷史已長達一千多年。早在三世紀中期至四世紀前期的第十代崇神天皇時代，日本曾經發生有史以來最大規模的傳染病，為了阻止疫情擴大，天皇下令在神社建造「手水舍」，命令民眾進入神社參拜之前，必須洗手漱口，以表達虔敬之心。

據日本最古老的史書《日本書紀》記載，那次傳染病大流行奪走日本半數以上的生命。但也是從那時起，全國各地的神社都紛紛興建手水舍，民眾也因此養成膜拜神明之前洗手漱口的習慣。

崇神天皇建立手水舍至今一千多年之間，日本遭遇過天花、鼠疫、霍亂等多次傳染病大流行，每次都造成數十萬人喪生的悲劇。特別是十九世紀前

迴廊的簷下掛著手巾可供擦手。豐原國周「當世六玉顏高野」一八六九年（日本國立國會圖書館）

半，歐美商船帶來的霍亂分別在一八二二年、一八五八年、一八六二年襲擊日本，許多知名的學者文人也遭受波及，譬如著名的浮世繪師歌川廣重就是感染霍亂身亡。

一八七七年（明治九年），霍亂再度捲土重來，橫濱外國人居留地發行的英文報紙指出，日本的衛生狀況非常落後，霍亂疫情令人悲觀。這篇報導對明治政府造成強烈衝擊，政府因而決定加強推廣衛生觀念，鼓勵民眾勤洗手、多漱口。洗手從此成為明治日常生活的一部分，手洗水也變成明治小說裡不可忽視的小道具。

小說《門》的男主角宗助跟妻子阿米過著與世隔絕的生活，他家的洗手罐旁既無花草也無院樹，甚至連庭院也沒有，由此可知他們的居住環境不太理想：

……剛從昏暗的廁所出來，宗助一面伸手接著洗手罐的水洗手，一面不經意地抬頭往外看了一眼，這才想起山上的竹子……

（《門》第一章）

而跟宗助相反的，是小說《後來的事》的主角代助，他是出身豪門的高等遊民，家裡用來裝手洗水的，不是洗手罐，而是安置在庭院一角的洗手池，周圍還種滿了各種草木：

……庭院的牆根旁，煮飯花正在盛開，洗手池下方那棵秋海棠，也已長出巨大的葉片。……代助每次看到院角裡盛開的紅玫瑰，總覺得點點鮮紅刺得眼睛發疼。他只好把視線移向種在池邊的紫萼葉片上……

（《後來的事》第十六章）

雨戶

明治小說裡經常出現的「雨戶」，是日本傳統建築的獨特裝置。簡單地說，就是加裝在紙門紙窗外側的木板窗。

雨戶的起源已不可考。據《新潮國語辭典》第二版（新潮社，一九九五年）說明，日本的文學作品中最早提到雨戶，是在近松門左衛門的《心中重井筒》。事實上，日本的古代建築原本並沒有雨戶，直到十六世紀後半，才在一五八七年完工的「聚樂第」建築設計文件中留下紀錄。文件中顯示，豐田秀吉曾指示建築人員在城樓大禮堂四周搭建「雨戶」，目的是為了保護長期不用的閒置房舍，以免風吹雨打對房舍造成損傷。

小說《三四郎》裡有一段文字描寫主角三四郎跟与次郎陪廣田老師去看房子，那棟房屋已經空了很久，雨戶關得緊緊的：

……三人繞到後院，進屋拉開了雨戶，一間一間仔細觀賞。屋子造得很不錯，中流階級住進去也不會覺得沒面子……

（《三四郎》第四章）

玻璃窗開始普及之前，雨戶的功能是為了保護紙門紙窗，但在《三四郎》開始連載的一九〇九年，日本已經能夠自製玻璃，但一般住宅依然堅持在外側裝設一道雨戶。因為雨戶除了遮擋風雨之外，還能阻斷路人窺視室內的視線。

即使到了一百年後的今天，絕大多數日本住宅的外觀早已變成歐美風格，但大家還是在洋房的玻璃窗外，加裝一層捲簾式鐵窗代替雨戶。

舊式木製雨戶的上下端附有插銷，雨戶關緊之後從內側上鎖，窗戶立即變成牆壁，讓小偷不得不打消歹念。事實上，很多家庭也覺得上鎖、開鎖太麻煩，所以經常虛掩雨戶，懶得把雨戶的插銷插緊。小說《我是貓》的苦沙彌老師家裡就發生過小偷拆下雨戶的事件，老師的夫人還被偷走好幾件貴重

1
2 3

1. 傳統木造建築的雨戶都是用木板製成。（江戶東京建築園。立場正夫／攝影）
2. 最新型的西式建築採用捲簾式鐵窗代替雨戶。（立場正夫／攝影）
3. 現代日式建築的雨戶。（立場陽真／攝影）

的和服：

……突然，廚房的雨戶好像被人撞到似的咚咚響了兩聲，聲音很輕。奇怪，都這個時候了，應該不會有人來啊。大概又是那隻老鼠吧。……接著，又聽到咚咚兩聲，聽起來不像老鼠。……這時，只聽見雨戶發出唧的一聲，被誰抬了起來，同時紙門也順著門框極輕極慢地滑向一邊……

（《我是貓》第五章）

傳統日式建築的門窗數目非常多，有時整棟建築的窗戶甚至多達二、三十扇。日復一日重複開窗關窗的作業，確實費力費事又令人厭煩。許多明治小說的描寫也讓讀者了解，「管理雨戶」通常是下人（女傭、書生、旅館夥計）的份內工作。

小說《明暗》的女主角阿延在心情特好的早晨醒來後，決定幫女傭打開雨戶後，再去把她叫醒：

……她（阿延）親自動手拉開了雨戶，戶外的天色看來比平時早了很多……阿延親自收起被褥，又把客廳打掃一番，……等她梳好頭，這才去叫女傭起床。

（《明暗》第八十章）

阿延的丈夫津田在溫泉旅館休養時，每天也是由旅館的夥計幫他開窗：

……一大早，有個男人進房來拉開雨戶。津田的美夢被那聲音打斷了，但他仍在半睡半醒的狀態下，繼續閉目養神……

（《明暗》第一百七十八章）

日本農村居民至今仍有觀察鄰家的雨戶藉以判斷對方人品的習慣。如果某戶人家每天「日出而開，日落而關」，並且隨時把雨戶收拾得整整齊齊，大家就相信這戶人家肯定是勤奮自愛又好相處的鄰居。

了解日本這種習俗後，再讀樋口一葉在小說《青梅竹馬》開頭第一段，或許讀者就能理解作者為何這樣描寫貧民窟的雨戶：

……從三島神社前面轉彎後，路邊就沒什麼像樣的房子了，幾乎都是屋簷歪斜，十幾戶或二十幾戶連成一排的長屋，這種地方做生意也做不起來，家家戶戶的雨戶都半開半掩，窗外曬著剪得十分古怪的紙張……

（《青梅竹馬》第一章）

雨戶除了防風、防雨、防盜之外，還有一項不可忽視的功能：防寒。明治以後的日本住宅等於裝了三層窗戶：紙窗、玻璃窗和雨戶。冬季吹大風的季節，多一層窗就多一層暖。難怪夏目漱石在小說《三四郎》裡提到了這一點：

……三四郎獨自靜坐，感到陣陣寒意襲來。這時他才發現，書桌前的窗戶還沒關上。拉開紙窗，只見天上一輪明月。……他一面想一面關上了雨戶……

（《三四郎》第四章）

土間

「土間」在日文裡有兩種含意，一是指日式建築裡的一種特殊空間，通常位於玄關或廚房的進門處，地上不鋪地板或榻榻米，只用紅土、碎石與石灰混成的「三和土」加水拍成平坦的地面，所以「三和土」也是「土間」的代稱。

土間在農業時代是家家戶戶不可或缺的空間。農家把農具、建材或農作物暫存在土間，或在土間進行處理。住家的爐灶也安裝在土間，因為洗刷碗筷或洗菜、切菜都會弄髒地面，所以這些作業都在土間完成。

小說《我是貓》裡提到苦沙彌老師家的廚房和土間，其實是作者夏目漱

懂得禮節的客人踏進玄關後，應該站在土間等候主人出來接待。豐原國周「潤色三十六花撰同堀井御戀・下谷數寄屋丁鈴木屋小郁」一八八一年（日本國立國會圖書館）

石以他家的廚房為藍本所作的描寫，所以讀起來十分具體真實：

……所以我（吾輩）現在必須提前勘查地形，當然戰場也沒多大，整個看來，（主人家的廚房）只有四疊大小，其中一疊的半邊是水槽，另外半邊是土間，酒舖和蔬果店的夥計來推銷商品時，就站在那裡……

（《我是貓》第五章）

明治時代的住家玄關都有土間，訪客拉開木板門或木格門之後，立刻看到裡面的三和土地面。懂得禮節的客人踏進玄關後，絕不會擅自登堂入室，而是先向室內打聲招呼，然後站在土間等候主人出來接待，更講究禮數的女客還會隨身攜帶一雙乾淨的白襪，在土間等候主人時，先把腳上沾滿塵土的襪子換下來。

主人聞聲來到玄關後，先向客人問候，然後才把客人請進客廳。小說《後來的事》的女主角三千代聽到玄關木門被人拉開，來不及看清來客的面容，就忙著向客人彎腰行禮：

……代助剛伸出手拉開了木格門，三千代的和服下襬發出的布料摩擦聲立刻傳進耳中，只聽她從裡間快步走出來。這時，進門處那塊兩疊榻榻米大小的土間已經很暗，三千代在黑暗中跪在門口，向來客躬身問候。看來她似乎還沒搞清來客究竟是誰……

（《後來的事》第八章）

「土間」的另一個含意，是指傳統小劇場裡緊靠舞台正前方的座位區。江戶初期，歌舞伎等演劇活動興起後，全國各地紛紛建設劇場。早期的劇場只讓觀眾圍繞舞台席地而坐，最靠近舞台的座位直接坐在泥地上，所以叫做「土間」。為了跟住宅的「土間」有所區別，劇場的「土間」翻譯成中文時，譯為「土間席」比較恰當。

早期的歌舞伎演出都在戶外舉行，遇到雨天時，土間席立刻陷入泥濘，所以這種席位的票價也最便宜。而事實上，第二次世界大戰結束之前，日本有些鄉間小劇場仍然保留這種起源於江戶時代的座位形式。

2
1
3

1. 傳統住宅的玄關是土間，訪客走進大門後，立刻看到裡面的三和土地面。（江戶東京建築園。立場正夫／攝影）
2. 傳統住宅的廚房進門處是土間，洗碗切菜都在這塊空間進行。（江戶東京建築園。立場正夫／攝影）
3. 農家廚房的土間面積很大，除了裝置爐灶用來煮飯做菜之外，也是存放農具與農作物的儲藏室（江戶東京建築園。立場正夫／攝影）

高級餐館把外賣菜餚送到劇場的土間席。昇齋一景「東京名所三十六戲撰 猿若町」一八七二年（日本國立國會圖書館）

據資料顯示，江戶後期的土間席觀眾已不必坐在泥地上，因為劇場已在地面鋪上木板與榻榻米，座位上還附有坐墊。土間席的座位是用木製欄杆隔成的方形空間，每個空間約一・五平方公尺，最多可坐七人。這種小包廂式的木製方格看起來很像盛酒的杉木方杯，日文叫做「枡」，所以又叫「枡席（ますせき）」。

浮世繪畫師歌川豐國於一八一八年（文化十四年）完成的「中村座內外之圖」裡，土間席觀眾一面欣賞近在眼前的演員賣力表演，一面享用高級餐館送來的外賣餐點，畫中充滿歡樂氣氛，難怪土間席當時成為劇場裡票價最高的座位區。

明治政府推行西化運動之後，東京市內除了原有的「江戶三座」（市村座、中村座、森田座）三家劇場之外，又在一八七二年（明治五年）開設「新富座」，並於一八七九年起逐漸將劇場的座位改為西式座椅，但一般人仍然習慣以「土間席」稱呼靠近舞台的前排座位。

夏目漱石在小說《三四郎》裡寫過一幕劇場的場景：

……他（与次郎）突然停下腳步，彎身探視前排的土間席，嘴裡還不停地說著什麼。三四郎順著他的視線望去，……這才看到美禰子的側臉，她跟站在舞台邊的与次郎之間，大約隔著五、六公尺的距離。……台上的帷幕再度落下。美禰子和良子都從座位上站起來，三四郎也跟著起身，來到走廊……

（《三四郎》第十二章）

按照時間順序來看，《三四郎》發表於一九〇八年，距離劇場全面改設西式座椅已經過了三十年，所以這段文字裡的土間席，應該已是座椅而非席地而坐。

第四章 物事

▶ 虞美人草腰帶的底色為深紫，上面印著金、白兩色花紋。
（章蓓蕾製圖）

虞美人草

每年四月中旬到五月初的黃金週這段時間，日本全國各地都能看到一種粉橘色的野花。它就是鼎鼎大名的「虞美人草」。

眾所周知，夏目漱石改行當職業作家的第一部作品，題目就叫做《虞美人草》。一九〇七年，「東京朝日新聞」成功地說服夏目漱石辭掉東大教職，入社擔任小說記者。漱石在小說開始連載前，發表了一篇預告文字，文中透露，小說題目的靈感來自虞美人草：

……昨夜與豐隆一起在森川町散步時，買了兩盆花草。當時曾向園丁詢問花名，園丁說它叫做「虞美人草」。剛好我正在煩惱這次小說的題目，不知該取什麼名字，同時又深怕因此耽誤了宣傳活動，於是當場決定借用花名當作小說的題目……

豐隆是漱石的弟子小宮豐隆，也是《三四郎》主角小川三四郎的原型。漱石發表連載小說《三四郎》之前曾寫信告知小宮豐隆，他會在小說裡引用他們師生之間的書信內容。

虞美人草的日文又叫雛罌粟，原產於歐洲中部，跟罌粟同屬一科，兩者的外型似乎很像，但是仔細觀察就能發現，兩者的差異其實很大。虞美人草的花莖上有毛，果實很小，罌粟花的花莖光滑無毛，果實較大。虞美人草還沒開花時，花苞呈橢圓形，被兩片綠色萼片包覆著垂頭立在花莖上，彷彿少女正在低頭沉思。

但是讀過《虞美人草》的讀者都知道，女主角藤尾的性格自私大膽，絕不像虞美人草那樣溫婉低調。據《漱石激讀》（河出書房新社，二〇一七年五月二十五日）的作者小森陽一指出，漱石決定把小說取名《虞美人草》的

1. 虞美人草的果實能止瀉、鎮痛、止咳，江戶時代被視為藥材。毛利梅園「梅園草木花譜夏之部三」一八二五年（日本國立國會圖書館）
2. 虞美人草花苞低垂，彷彿低頭沉思的少女。
3.4. 初夏的街頭，到處都可看到虞美人草。

瞬間，就已向讀者暗示了故事的結局：這部小說的女主角必定會像霸王別姬的女主角那樣，最後在男人的權力鬥爭中自殺身亡。由此可知，夏目漱石是企圖以虞美人草來象徵虞姬。

虞美人草的中文名字很多，也叫麗春花、滿園春、賽牡丹、錦被花等，因果實具有鎮痛、止瀉、鎮咳等效用，江戶時代是當作藥材使用。英國和加拿大則稱之為「國殤罌粟花」，因為每年十一月十一日國殤紀念日，兩國的國民都會佩戴虞美人草，藉此紀念第一次世界大戰的陣亡戰士。

小說《虞美人草》開始連載後，日本曾掀起一陣「虞美人草風潮」，三越百貨店推出印著虞美人草花紋的浴衣，首飾店「玉寶堂」也推出了虞美人草指環，上流社會的仕女爭相搶購這些跟虞美人草有關的衣飾。小宮豐隆曾在《夏目漱石》（岩波書店／一九八七）書中記載當時的盛況：「……車站的報童一面喊著『漱石的虞美人草』，一面四處招攬顧客……」

二十一世紀初，最初連載《虞美人草》的「朝日新聞」舉辦過一次紀念展，會場裡展示了當年在三越百貨店熱賣的腰帶，布料上的虞美人草花紋採用白、金兩色構成，底色則是象徵女主角藤尾的深紫色。

然而，小說《虞美人草》在當時雖然引起轟動，卻沒帶來作者預期的反響。因為夏目漱石寫得太認真了。他只顧著炫耀自己的文筆，而忘了當時文壇已經開始流行使用白話文書寫。他在《虞美人草》裡使用了大量駢體文，詞藻華麗，對仗工整，文字豔麗得有如化了濃妝的女人。

另一方面，當時一般讀者受到文明開化的影響，逐漸接受女子應該掌握自己命運的想法，而夏目漱石卻仍然抱持陳舊的觀念，將自己筆下的反派女性藤尾處以死刑。所以小說還沒結束，報社就不斷接到讀者抗議的電話，夏目漱石的第一部連載小說最後不得不承認以失敗告終。

但是夏目漱石終究不愧是大文豪，在《虞美人草》之後，他徹底改變寫作風格，相繼完成了《三四郎》、《後來的事》、《門》等不朽名著。

三助與湯女

日本的住宅在明治時代以前都沒有浴室，即使家財萬貫的豪門富戶，也是每天到錢湯去洗澡。所以錢湯經常出現在明治小說裡，錢湯裡的「三助」也不時扮演舉足輕重的小配角。

「三助」是什麼呢？簡單地說，就是在錢湯負責挑柴、燒水、為顧客洗背的男工。因為主要工作就是這三項，所以叫做「三助」。

夏目漱石在小說《明暗》裡塑造了一個角色阿勝，作者沒有明示他的身分，但從阿勝出場那一瞬起，讀者就已明白他是溫泉旅館附設浴場的三助。譬如那位橫濱的大老闆，還有他的小妾，每天都要找阿勝幫他們沖背，阿勝

三助需要有強勁臂力。山東京傳（一七六一～一八一六）《賢愚湊錢湯新話　卷三》一八〇二年（日本國立國會圖書館）

對這兩位住客的日常行動也都瞭如指掌。

阿勝第一次在浴場看到男主角津田時，主動走過來對津田說：「老爺，我幫你沖一沖吧。」「說完，阿勝立刻走向水龍頭，用橢圓小木桶裝滿熱水。津田只好把背脊轉向男人」（《明暗》第一百七十四章）。阿勝手裡忙著幹活，嘴裡也沒閒著，不時提出一連串問題，一面打聽津田的相關訊息，一面也提供了許多八卦。或許，這也是作者設計阿勝這個角色的目的吧。因為津田後來就是靠著阿勝那兒聽來的線索，才從旅館女侍那兒問出前女友清子的行蹤。

三助剛進錢湯時只能幹些挑柴、燒水的粗活，等到熟練工作環境後，才能替顧客洗背、按摩，江戶時代的三助還要幫顧客梳頭。

據《錢湯—洗去浮世之垢的庶民社交場所》（健行出版／二〇一七年）的作者町田忍介紹，日本的住宅在戰後開始普遍設置浴室，所以全國的錢湯數量越來越少，三助這種職業現在已被歷史淘汰了。

日本最後一位三助叫做橘秀雪，他在接受記者訪問時表示，三助這一行需要有雙強健的手掌與手腕。據橘秀雪回憶，泡沫經濟時期，每天從早到晚都有顧客找他按摩，他的手指肌肉有時甚至按成扁平狀。夏目漱石在小說《後來的事》裡也提到，主角代助熟識的三助長了一副強健的體格：

……（代助）接著又想起從前家裡還沒有浴室的時候，他總是到附近的錢湯去洗澡。那兒有個身材魁梧的三助，每次一看到代助，立刻從裡面跑出來嚷道：「我來幫您擦背。」說完，便在代助背上使勁地洗搓起來……

（《後來的事》第七章）

橘秀雪一直在東京荒川區日暮里車站附近的「齋藤湯」服務，後來因為體力日衰，不能再為顧客提供滿意的服務，才決定在二〇一四年底退休。

《錢湯—洗去浮世之垢的庶民社交場所》還介紹了錢湯裡召喚三助擦背的步驟：顧客先到番台（錢湯的服務台）申請，番台發給顧客一塊木牌，長約十八公分，上面寫著「沖洗」二字。顧客拿著木牌進入浴場，把牌子放在面前的洗臉台上。番台這時已通知正在候客的三助。江戶時代的番台呼叫三助，是用兩塊木板互敲一下。戰後的錢湯則使用電鈴呼叫，響一聲表示有男客召喚，響兩聲則表示是女客上門。

三助接到番台通知後，進入浴場去找面前擺著木牌的顧客。有些三助會提著自己的水桶上工，這種水桶比一般水桶大些，可以裝更多熱水。他們先用米糠袋幫顧客擦背，然後澆上一桶熱水。接著再以快動作進行按摩。等到任務即將完成前，還會刻意地在顧客全身用力拍出一陣「砰砰砰」的聲響。而其他的顧客則根據這陣砰砰聲判斷三助的按摩功夫。

事實上，「三助」出現之前，江戶初期在浴場為顧客提供擦背或按摩服務的，全都是女性，叫做「湯女」。後來因為「湯女」被貼上「性風俗業」的標籤，江戶幕府才頒布禁令，規定湯屋只能雇用男工為顧客擦背。

湯女為顧客擦背。井原西鶴（著）／菱川師宣（畫）《好色一代男卷一》一六八四年（日本國立國會圖書館）

湯女現在雖已消失，但一般人提到湯女時，還是忍不住聯想到性風俗業。日本電影評論家町山智浩在《最棒的電影缺席審判》（ベスト・オブ・映画欠席裁判／文藝春秋／二〇一二）中指出，神隱少女千尋離家出走到湯屋去打工，就是去當湯女見習。町山認為，《神隱少女》這個故事其實是在向社會提出警告：現代的少女失去家庭的保護後，唯一的活路就是從事性風俗業。

○寛永中湯女繪縮圖

湯女因穿著特殊，很容易識別，從江戶初期就被貼上「性風俗業」的標籤。岩瀨百樹（一七六九～一八五八，山東京傳之弟，筆名「山東京山」）《歷世女裝考卷四》一八五五年（日本國立國會圖書館）

正在為女客擦背的三助。豐原國周「肌競花之勝婦湯」一八六八年（日本國立國會圖書館）

八朔

「八朔」是指八月朔日，也就是農曆八月初一的簡稱。八朔前後正是早稻收穫的時期，日本農民有個傳統的習俗，就是在八朔這天帶著新米去向親朋好友致謝，感謝大家平日給予協助，自己才能獲得豐盛的稻穀。所以八朔也叫做「米之節句」。

明治維新以前，八朔是一個非常重要的節日，全國各地都舉辦獨具特色的「八朔祭」，有些地方的祭典直到今天仍然按時舉行。

譬如像熊本縣矢部町的「八朔祭」，已有兩百五十年的歷史，現在依舊堅持在陰曆的八月初一那天舉行。每年到了祭典的那天，矢部町都舉辦一場由十幾輛花車組成的遊行，每輛車上裝載一座巨大的妖怪塑像，高度約為三至五公尺，都是用杉皮、松果、竹子、芒草等山野植物搭建而成。為了準備這場盛大的祭典，每年八朔祭的半個月之前，矢部町的居民就開始紛紛上山收集素材。

八朔這個節日在江戶時代極受朝野的重視，因為德川家康以征夷大將軍的身分離開封地從駿河，首度揮師進入江戶的日子，是在一五九〇年的農曆八月初一。據江戶時代的民俗誌《東都歲時記》記載，德川家康入城時，全身穿著純白絲麻服裝（叫做「白帷子」），藉此宣示統一天下的決心。

之後，每年八朔這天，全國的大名與上級武士都穿著白帷子進入江戶城樓向將軍賀節。八朔也因此超越了七草、雛祭、端午、七夕、重陽等五大節句，變成跟元旦同等重要的節日。甚至還有人認為，當時民間慶祝八朔的規模比祝賀天皇壽誕更隆重盛大。

《東都歲時記》還介紹，江戶幕府認可的紅燈區吉原為了討好武士階級，特地在八朔這天舉行「八朔的白重」儀式，所有的妓女都穿上純白的小袖和服（名為「白無垢」）四處攬客，各家妓院的頭牌妓女「花魁」也在隨從人員陪同下，慢吞吞地踏著台步走過花街，藉以展示自己的花容月貌。

江戶後期出版的地方誌《江戶名所圖會》（齋藤長秋編，長谷川雪旦畫，

八朔之圖
屋

八朔之圖。吉原的妓院成員和茶屋老闆娘都在八朔這天穿著全白的小袖和服，齊聚一堂，互相問候。十返舍一九《青樓繪抄年中行事》一七六五年（日本國立國會圖書館）

一八三四～一八三六年出版）裡有一幅「新吉原仲之町八朔圖」，詳細描繪了青樓妓院歡度八朔的情景。江戶時代的著名劇作家十返舍一九編著的《青樓繪抄年中行事》書中也有一幅「八朔之圖」，是浮世繪師喜多川歌麻呂的作品。畫中的場景是在吉原的妓院裡，花魁、新造（見習妓女）、禿（年幼的見習妓女）和茶屋老闆娘都在八朔這天穿上白無垢小袖和服，齊聚一堂，互相問候。

這種慶祝八朔的習俗一直持續到十九世紀末，明治政府掌握政權後，「八朔」變成了保守、陳腐的象徵。小說《後來的事》有一段描寫剛好反映了這種現象。夏目漱石在小說裡創造了老女傭這個角色，她代表的是舊時代的人物與思想，「八朔」兩字是跟其他擇日、算命之類的老舊字眼一起從她嘴裡說出來的：

……老女傭從剛才就一直嘮叨著曆法擇吉之類的事情。什麼壬日、辛日、八朔、友引……，還有什麼哪天宜剪指甲，哪天適宜造房屋等等囉哩囉唆的事情。代助原就心不在焉地聽著……

妓女在八朔這天穿上純白和服四處攬客。齋藤長秋《江戶名所圖會卷七》之插圖〈新吉原仲之町八朔圖〉一八三四年～一八三六年（日本國立國會圖書館）

新吉原妓院的「花魁」在八朔這天進行花街遊行，藉此展示美貌。齋藤長秋《江戶名所圖會卷七》之插圖〈新吉原仲之町八朔圖〉一八三四年～一八三六年（日本國立國會圖書館）

（《後來的事》第十五章）

日本今天的曆法雖已取消「八朔」這個節日，但是某些特定團體還是無法拋棄這個習俗。譬如農家仍在這天彼此送禮道謝，花街柳巷的藝妓也在這天列隊去向師傅或商家（茶屋、會席料理店等）問候致意。不過現代的藝妓已不再穿白無垢和服，而是改穿最正式的黑色紋服，這種禮服的胸前、背後和兩肩印著店家的徽紋。

俱樂部洗粉

明治小說裡的許多舊物已隨歷史洪流消逝，實在引人感傷，但在閱讀小說的時候，偶爾還是會有令人驚喜的發現。譬如明治時代有名的「俱樂部洗粉」就是最好的例子。

夏目漱石在一九〇九年發表的小說《門》裡提到「俱樂部洗粉」，是主角宗助的弟弟小六參加商店除夕抽獎活動時抽到的。一百多年後的今天，日本全國各地的藥妝店仍在出售這種潔面粉，而且跟昔日一樣受人歡迎：

……他（小六）走進「白牡丹」之後，原想碰碰運氣，看自己能否抽中獎品的金錶，但又想不出要買什麼，最後只好買了一盒縫著鈴鐺的小沙包，然後在機器噴出的幾百個氣球當中抓了一個。「結果金錶沒有抽中，只抽到這玩意。」說著，小六從袖管裡掏出一袋「倶樂部洗粉」放在阿米面前說：「這個送給嫂嫂吧。」……

（《門》第十五章）

事實上，「洗粉」在江戶時代之前就已存在，日本人把清洗身體的洗劑一概稱為「洗粉」，成分大多是米糠、小豆粉等天然植物。江戶時代還流行用曬乾的樹鶯糞敷臉，女性都覺得敷過鳥糞的皮膚格外光滑亮麗。

明治維新之後，政府為了改善公共衛生，大力宣導個人衛生觀念，所以進口肥皂很快就取代了傳統的洗粉，成為庶民不可或缺的日用品。

當時有一位化妝品雜貨批發商，叫做中山太一，他覺得日本原有的洗粉具有保溼、美顏的功能，比進口肥皂更勝一籌，所以在一九〇三年創辦「中山太陽堂」，並推出名為「倶樂部（ＣＬＵＢ）」的系列化妝品，這個系列的第一號產品，就是「倶樂部洗粉」。

「俱樂部洗粉」號稱完全遵照古方製作，成分包括麵粉、奶粉、馬鈴薯澱粉、皂角、白芷、白笈、白丁香、白僵蠶、白附子、白茯苓、白牽牛、白蒺藜等，後面的八種藥材來自中國金章宗後宮發明的「八白散」，傳到日本之後一直深受女性喜愛。

中山太一的行銷手段以刊登廣告為主，他經常在報紙、雜誌刊登整版或跨頁廣告，還利用汽車、滑翔機等領先時代的工具打廣告，不僅如此，他更懂得利用自己的人脈，邀請名人為俱樂部系列化妝品代言。

一九一三年，國父孫中山為了二次革命到日本募款時，中山太一特地在「東京日日新聞」刊登廣告表示歡迎，廣告詞中寫道：「孫文先生也是俱樂部牙膏的愛用者，本人深感榮幸。」

俱樂部洗粉在創辦者中山太一的努力下，很快就變成當時數一數二的名牌化妝品，跟御園香粉、獅王牙膏、蕾伊特面霜並稱化妝品界的「明治四霸」。

中山太一擁有卓越的國際觀，他在中國、韓國和東南亞等國都布下了「俱樂部洗粉」銷售網，因而獲得「東亞化妝品王」的稱號。

小說《門》在報紙連載的那段時期，「俱樂部洗粉」也正好在日本國內掀起流行風潮，消費者之間甚至口耳相傳：只要來到錢湯門外，就能聞到空氣裡瀰漫著「俱樂部洗粉」的香氣。著名的明治作家永井荷風曾在〈三田文

俱樂部牙膏與香粉。《東京小間物化妝品名鑑》一九三二年（日本國立國會圖書館）

創業已滿一百二十年的「俱樂部洗粉」。

學發刊詞〉寫道：「沒用過俱樂部洗粉和御園香粉的女人，不會變成美女，同樣的，沒讀過『三田文學』的人，也不會懂得文學的滋味。」

創業已滿一百二十年的「俱樂部洗粉」至今仍然健在的主因，應該歸功於經營者始終亦步亦趨，緊緊跟著時代的腳步前進。譬如公司名稱在戰後從漢字「中山太陽堂」改為片假名「クラブコスメティックス（CLUB COSMETICS）」。而相反的，同樣也在小說《門》裡出現的那家「白牡丹」，卻已在本世紀初關門大吉了。

「白牡丹」座落在銀座尾張町（今天的銀座四丁目），是一間專賣化妝品與和服小物的商店，創業於一七九〇年。最初只賣自家製造的香粉，後來也代售其他廠牌的化妝品，其中就包括「俱樂部洗粉」。

明治末期的著名畫家岸田劉生從小生長在銀座，他寫過一本懷念昔日銀座的散文集，叫做《新古細句銀座通》，其中一篇散文〈銀座閒逛道中記〉提到「白牡丹」時寫道：

……尾張町一丁目轉角是「松田燈具店」，……對面的「白牡丹」是一家老店，那時大家都說，女性的和服小物一定要到「白牡丹」去買……

（〈銀座閒逛道中記三〉）

白牡丹本店。吉田工務所／編《東京銀座商店建築寫真集》一九二九年（日本國立國會圖書館）

書生

小說《三四郎》裡的与次郎在廣田老師家當書生，他帶老師去找房子的時候，指定要有「書生房間」的物件，還向三四郎抱怨說：「……老師是不會自己動手做什麼的人。首先，要是沒有了我，他連三頓飯都吃不上嘴。」「……老師什麼都不肯自己動手，簡直到了可憐的地步。就連指揮女傭打掃，都叫我下命令……」（《三四郎》第四章）

明治小說裡經常出現一個角色叫做「書生」。這個名詞其實有兩種含意，一是指讀書人，因為明治初期還沒有「學生」這個名詞，所有正在進修學問的青年，都叫做「書生」；另一個含意則是指「明治維新之後，借宿他人家中的大學生」。

一八七二年（明治五年），日本政府頒發新學制法，從此，平民都能到東京去上大學。這些離鄉背井的年輕學子來到帝都之後，有人自行租屋，有人投靠親戚，而那些無親可靠也無錢租屋的學生，就只好到大戶人家去當「書生」。他們一面讀書求學，一面以勞力（幫忙家事、雜務等）換取食宿。

所謂的大戶人家包括政府官員、學者、世族或富商，其中也有很多暴發戶，他們特別願意在家裡養幾個書生，因為等到書生大學畢業，功成名就之後，就能幫他們提高交際圈的層次。

這些在舊制高等學校（主要是指東京帝大）就讀的平民學生都對自己的身分感到自豪，為了表現菁英意識和博學多識，他們還發展出一種特殊文化，故意在言辭與穿著上表現得與眾不同。

書生專用的講話方式，一般人稱之為「書生語」，譬如他們的第一人稱只說「僕（ぼく）」或「吾輩（わがはい）」，而不說「我（わたくし）」；見面打招呼只說「失敬（しっけい）」，而不說「你好（こんにちは）」；特別喜歡使用命令式句型，喜歡賣弄漢文或洋文等。

作家坪內逍遙（一八五九～一九三五）在明治初期（一八八五～一八八六）發表的連載小說《當世書生氣質》提到，書生的服裝看起來似乎

1
—
2

1 明治時代的書生打扮，和服外套配裙褲，腳踏書生木屐。坪內逍遙《當世書生氣質卷一》一八八五年～一八八六年（日本國立國會圖書館）

2 書生穿著耐洗棉布縫製的和服，頭上戴一頂軟帽或學生帽。坪內逍遙《當世書生氣質卷十四》一八八五年～一八八六年（日本國立國會圖書館）

都是隨意亂穿，其實存在著不成文的規矩。森鷗外在小說《青年》裡則把這種特殊的「書生裝」描寫得十分具體：

……映入女孩眼簾的是個皮膚白淨的書生，眼神彷彿剛出殼的小鳥。青年身穿薩摩飛白布袷衣，外面配一件相同布料的外套，下面穿著小倉織和服裙褲，頭上戴一頂褐色軟帽，腳上裹著深藍布襪，腳踩薩摩木屐，看他這身穿著，完完全全就是一副書生打扮……

（《青年》第一章）

小倉織和薩摩飛白布都是質地堅韌，耐洗耐穿的棉布，薩摩木屐又叫砧板木屐、書生木屐，明治初期的大學生都穿這種木屐上學。

書生在明治小說裡的角色形象十分多樣，譬如《後來的事》主角代助家的門野，他是老女傭的鄰居，「……整天偷懶鬼混，既不去上學，也不愛念書」；《門》的主角宗助的弟弟小六，因為哥哥沒有能力養活他，最後只好到房東坂井家去當書生；《明暗》的主角津田到上司吉川家拜訪時，「特地繞到正屋旁邊的書生房，拜託房裡的書生帶他從隔壁的正屋玄關進門」，但書生卻露出「一副預料津田馬上就會離去的神情」。而形象最不好的書生，大概要屬《我是貓》主角苦沙彌老師家的多多良三平了。因為他一天到晚都建議主人把貓抓去做火鍋。

夏目漱石在《我是貓》第一章曾對書生這類人種進行一番戲謔的描述，或許，這正是作家心中對書生的真實看法吧：

……就是在這個角落，我第一次與人類相遇，後來才知道，當時遇到的，是人類中最猙獰的書生，聽說他們經常把我的同胞抓來煮著吃……他把我托在掌心，唰地一下舉起來的瞬間，我有點發暈。……想來這就是我有生以來第一次看到人類的臉。哎，那張怪異的臉帶來的驚恐，我至今依然記得……

（《我是貓》第一章）

小說裡的書生既有像門野那樣不愛讀書成天鬼混的青年，也有像与次郎那樣受到老師倚重的好學生，而在現實世界裡，奮發向上，功成名就的書生當然比比皆是。

譬如明治作家泉鏡花就是最有名的例子，他在十七歲那年讀了暢銷作家尾崎紅葉的《二人比丘尼色懺悔》，因為深受故事情節的感動，因此立志投身文壇。泉鏡花從金澤的老家遠赴東京拜見紅葉，表達了拜師的願望，紅葉也當場答應收他當徒弟兼書生。泉鏡花後來真的成了名作家，而且始終敬奉紅葉為恩師。

人力車

人力車是在明治初期發明的，幾乎跟「文明開化」這個字眼同時出現在大眾眼前，人力車夫拉車飛奔的景象也頻繁地出現在明治小說裡。

尾崎紅葉的《金色夜叉》就是以一輛人力車狂奔的場景拉開了序幕。

……就在這時，一輛網曳人力車突然從街口轉進小巷，快速前進的車子來不及避開，直接鑽進那團熱氣當中……

（《金色夜叉》第一章）

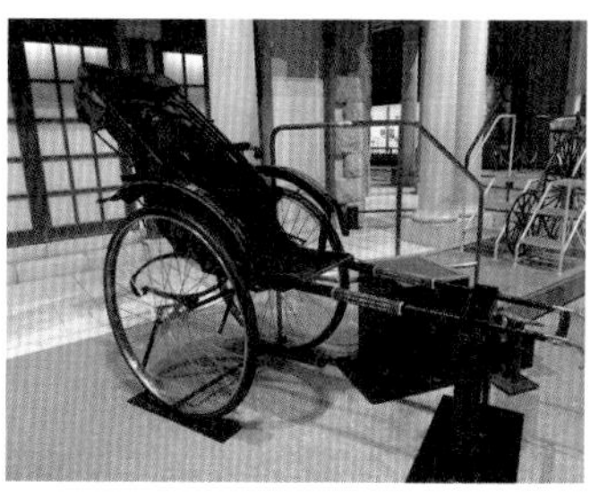

明治時代的人力車。（江戶東京博物館展品。立場正夫／攝影）

網曳人力車是在牽引棒上加掛一條繩索，然後由兩名車夫一起向前拉，速度要比一名車夫拉得快，收費當然也要加倍，小說《後來的事》裡也出現過這種加快人力車：

……車子快到青山御所的時候，他（代助）看到父親和哥哥都坐著網曳人力車從電車左側飛奔而去，他們完全沒注意到代助，代助也沒來得及打招呼，人力車就已擦身而過……

（《後來的事》第七章）

根據資料顯示，人力車是在一八六八年由和泉要助、鈴木德次郎、高山幸助三人一起發明的。當時日本的主要交通工具是「馬車」，但因為道路狹窄，行人眾多，馬車行走起來非常不便。三位發明者為了強調新產品跟「馬車」不同，所以取名為「人車」，也叫「力車」或「人力車」，明治小說裡經常以漢字「俥（くるま）」代表人力車。

發明者之一的和泉要助在一八七〇年向東京市政府申請到人力車的營業

許可後，立刻在日本橋的橋頭開張營業。但是剛開業的那段時期，路上的行人雖然露出好奇的眼神，卻沒人敢過來坐車，因為大家覺得這種新奇玩意兒太招搖，坐上去被人拉著走，著實令人害羞。所以和泉要助只好把自己的家人找來，叫車夫拉上路向圍觀的群眾示範。

很快地，人力車就因為叫車方便，速度快捷而獲得大眾的好評。一八七二年，原本在東京市內營業的一萬台轎子全都不見了，取而代之的是四萬輛人力車，大部分失業轎夫都改行去當人力車夫。據資料顯示，一八七六年的東京市內共有兩萬五千多輛人力車，到了十九世紀末的時候，日本全國人力車數量甚至超過了二十萬輛。

早期的人力車為了吸引顧客，常在車身畫上顏色鮮豔，主題大膽的圖畫，譬如像水滸傳人物、富士山、龍虎、花鳥等，直到一八八五年，明治政府規定車身上只能標示人力車夫的家紋或公司的社徽，這種爭奇鬥豔的風潮才告一段落。

明治中期的東京幾乎滿街都能看到人力車，顧客隨時隨地都能招手叫車，公司行號或重要機構的門前總是有幾輛人力車在那裡待機，街頭巷尾也有常設的人力車停車場，譬如在小說《後來的事》裡，主角代助曾經吩咐書生門野去找車子，把女主角三千代接來：

東京日本橋風景
錦朝楼芳虎画

人力車發明之前，日本的交通工具主要是馬車，路上人車交錯，非常混亂。歌川芳虎「東京日本橋風景」一八七〇年（日本國立國會圖書館）

……「你去叫輛車，要把人接來喔。」代助特意囑咐道。門野立刻冒雨跑到人力車停車場去叫車……

（《後來的事》第十四章）

小說《明暗》的主角津田去住院那天，他的妻子就先找了兩輛車，夫妻倆一前一後搭乘兩輛人力車前往醫院：

……他（津田）在洗臉的時候，聽到阿延吩咐女傭去雇兩輛人力車，妻子的聲音聽起來就像在催促自己快點上路……

（《明暗》第三十九章）

人力車在明治小說裡是不可或缺的小道具，也是文明開化造成的社會特殊現象。事實上，以人力車夫為主角的明治小說也不在少數。譬如跟尾崎紅葉齊名的作家山田美妙（一八六八～一九一〇），曾在小說《花車》裡創造了一位有為青年來間力造，他不肯花費父母的積蓄，寧願半工半讀，白天在法律學校上課，晚上去拉人力車。

明治女作家樋口一葉可能是最喜歡寫人力車夫的日本作家，她發表的二十二篇小說裡，共有十六篇提到人力車或人力車夫。其中最有名的是《別離霜》和《十三夜》。兩個故事的男主角都從富家少爺淪落為人力車夫。

《別離霜》的女主角阿高原本許配給吳服店少東松澤芳之助的，後來芳之助的家道中落，淪為貧民窟居民，靠拉人力車養活父母，阿高的父親就想把阿高改嫁給醫生。一個飄雪的夜晚，這對被迫分手的情侶重逢了，兩人約定一起去殉情……

《十三夜》也是個嫌貧愛富的故事，女主角阿關愛上煙草店獨子高坂錄之助，但她父親卻逼迫女兒嫁給一名官員。錄之助從此自暴自棄，敗掉全部家產之後靠拉人力車維生。小說結束前，這對被拆散的情侶在農曆九月十三的月圓之夜再度重逢，錄之助拉著人力車把阿關送回夫家。

電話

日本的電話業務始於一八九〇年（明治二十三年）。這一年，「日本電信電話公社」（即ＮＴＴ的前身）建成東京和橫濱的機房，開始以人工轉接東京至橫濱之間的電話。

電話公司剛開張的時候，共有一百九十七家用戶，其中一百五十五戶在東京，四十二戶在橫濱。

據日本第一本電話簿《電話加入者人名表》記載，最先申請電話的用戶大多是政府機構、銀行、報社、通訊社等，個人用戶只有首相大隈重信、著名實業家渋沢榮一等少數幾人。用戶可選擇繳付月費享受吃到飽套餐，或是單次計費。月費為每月四十元（約等於現在的十五萬元日幣），單次計費的定價則是每五分鐘收費一毛五分（約等於現在的兩千兩百五十元日幣）。

事實上，東京至橫濱之間的電話正式通話前，電話公司曾因申請的用戶太少，而將開幕儀式延後了好幾次。為什麼會出現這種狀況呢？因為前一年的一八八九年，日本發生了霍亂大流行，共有三萬五千人因疫情而喪生。而政府宣佈即將開辦電話業務起，民間就不斷流傳謠言說，電話會傳染霍亂。

所幸電話開通之後，通訊的便利很快就讓人們忘掉了傳染病的恐怖。東京至橫濱的線路開通三年後，大阪與神戶的機房也建設完成，兩市之間也展開了通話服務。

但是對一般庶民來說，電話還是可望而不可及的奢侈品，大多數人對這種領先時代的新發明都感到好奇又陌生。夏目漱石在小說《我是貓》裡曾以貓的視角，描述了第一次看到電話的感想：

> ……忽然聽到走廊對面的房間有鈴聲響起，哎呀，那裡發生什麼事了？我趕緊朝著聲音的方向走去。走近一聽，有個女人在大聲講話，……女人說得很起勁，對方的聲音一點也聽不到，也許這就是傳說中的電話吧……

（《我是貓》第三章）

從前沒有電話的時代，人們有事需要連絡時，只能靠書信或電報。當時日本的郵局除了白天遞送信件，晚間還提供一種叫做「夜中投函」的服務，一般住戶在大門的信箱旁邊，另外再加裝一個「夜間專用信箱」，用來接收夜間投遞的快信。小說《後來的事》曾提到書生門野把「夜間專用信箱」的信件送到主人面前：

……到了上床就寢的時候，門野從夜間專送信箱裡拿出一封信送過來。黑暗中，代助只從門野手裡接過信，並不打算立刻閱讀的樣子。「好像是老家那邊送來的。我把油燈拿來吧？」門野像在催他讀信似的提醒道……

（《後來的事》第十六章）

夏目漱石家裡安裝電話是在一九一三年（大正二年），這時距離日本開通電話業務已經過了二十三年。在這二十三年之中，一般庶民碰到急事要連絡的話，只能到電話總局去打公用電話。一九〇〇年，日本電信電話公社在京橋的路邊設置了一個六角形小木屋式的電話亭，這也是日本第一座電話亭。

夏目漱石的小說《後來的事》和《明暗》裡都有公用電話亭的場景，也成為反映當時社會現象的參考資料。一九〇九年發表的《後來的事》男主角代助的父親是明治遺老，又是實業家，所以家裡有電話，而獨自住在外面的代助有事找父親時，就需要打發書生門野幫他去打電話：

「我說啊，你可以幫我打個電話嗎？打到我家。」

「是，幫您打到府上。怎麼說呢？」

「就說我今天有約會，要在家裡等一個人，所以不能回去。明天或後天一定會回去。」

「是，要找哪位接電話呢？」……

門野嘴裡應著，呆頭呆腦地走出門去……

（《後來的事》第一章）

後來有一次碰到下雨天，代助親自披著雨衣跑到電話亭去打電話：

2 | 1
3 |

1. 明治時代打電話的情景。山本昇雲（一八七〇～一九六五）「今姿四十五」一九〇六年（日本國立國會圖書館）
2. 明治時代的電話亭內部。（ＮＴＴ技術史料館展品。立場陽真／攝影）
3. 一九〇〇年的六角形公用電話亭。（江戶東京博物館展品。立場正夫／攝影）

……他（代助）立刻披上斗篷式橡膠雨衣，冒雨走到神樂坂的電話亭，往青山老家那邊打電話……

（《後來的事》第十四章）

小說《明暗》發表於一九一六年，從小說的描述中可以看出，當時日本的電話已經改用自動交換機，而且東京市內幾乎到處都有電話亭：

……她（阿延）心無旁騖地筆直向前走，大約走了五十多公尺，路邊有一座新建的自動電話亭，她便鑽了進去。她從那個電話亭分別給三個人打了電話……

（《明暗》第五十八章）

植木屋

「植木屋」是一種歷史悠久的職業，明治小說裡經常可以看到這個字眼，但很多年輕讀者卻不知這種職業是做什麼的。

有些中文譯本把「植木屋」譯為「花匠」或「園丁」，其實這種譯法並不精準。因為植木屋的專業技能遠在花匠或園丁之上。園丁、花匠擅長的蒔花弄草、修剪樹木等技能，植木屋當然都駕輕就熟，除此之外，他們還懂得移花接木，改良品種，譬如日本有名的染井吉野櫻，就是住在江戶染井町的植木屋栽培出來的。

更重要的是，植木屋也是庭園設計師，他們具備造園的專業知識與技術，

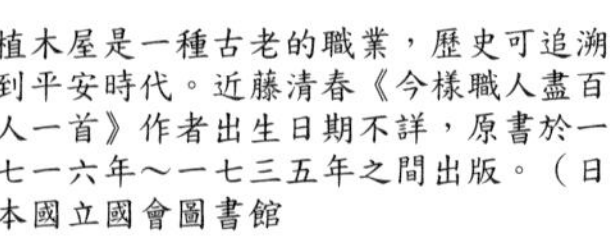

植木屋是一種古老的職業，歷史可追溯到平安時代。近藤清春《今樣職人盡百人一首》作者出生日期不詳，原書於一七一六年～一七三五年之間出版。（日本國立國會圖書館

園裡的花木、石塊、水池、噴泉、假山等安置在哪個位置，全都倚仗植木屋精心設計，所以植木屋也叫做庭師、造園師。

小說《明暗》裡有一位植木屋，是女主角阿延的姑父最欣賞的職人。姑父退休後打算重整庭院，所以請這位植木屋過來幫忙：

……阿延到了岡本家門口，剛好看到姑父站在玄關前面，……一名植木屋站在他身邊，正揮著鐵鍬在幹活，姑父則在一旁絮叨叨跟他聊天。姑父看到阿延走過來，便立刻轉臉對她說：「妳來啦。我正在整修庭院呢。」植木屋身邊的地上，一株巨大的木通樹躺在那兒……「我們正要把那東西移到院門口，讓它爬到門上去。這個主意不錯吧？」……

（《明暗》第六十章）

《後來的事》裡也有一位植木屋，雖然在小說裡並沒露面，但讀者從男主角代助跟書生門野的對談中了解，這是一位熟知人工授粉的植木屋：

「……我（代助）聽說，像今天這麼好的天氣，如果弄些花粉塗在雌蕊上，馬上就會結出果實。現在剛好有空，所以就照著植木屋告訴我的方法弄一下。」代助說。「原來是這樣啊！這世界真是越來越不得了了。……不過這盆栽也真是討人喜愛。又好看，又有趣。」門野說。

（《後來的事》第四章）

植木屋的起源最早可追溯到平安時代。宮廷貴族為了重現理想中的極樂淨土，創造了淨土式庭園，之後，臨濟宗禪僧又把禪宗思想融合在自然景觀裡，建造了京都天龍寺那樣的禪宗庭園。貴族為了讓庭園保持完美的狀態，又訓練專人負責維護與修繕，這些職人就是植木屋的始祖。

平安貴族還給後世留下一本講解造園理論的實用書，叫做《作庭記》。這本書現在是全世界最古老的造園專書，大約在平安後期（八九四～一一八五）完成，但作者已不可考。書中關於風水學說的知識，據信是來自中國漢唐時期的思想，但那些理論在中國早已失傳，所以這本著作對於解密中國漢唐風水理論極有幫助。

1. 成田山公園位於平安時代開山的「成田山新勝寺」後山。一千多年來，公園在專業職人打理下，變成四季皆宜的庭園。園中共有三座放生池。（立場陽真／攝影）
2. 明治初期，三菱財閥創業者岩崎彌太郎收購六義園，並將庭園重新整頓，一九三八年捐贈給東京市政府。（立場正夫／攝影）
3. 六義園是五代將軍德川綱吉的親信柳澤吉保耗時七年，於一七〇二年建成的大名庭園。（立場正夫／攝影）
4. 東京新大谷飯店的庭園原本是江戶初期武將加藤清正的宅第（立場陽真／攝影）

江戶時代的大名都對造園非常熱中，因為他們既可利用庭園展現財富與品味，又能以園遊會的形式犒勞家臣。江戶時代創建的著名庭園如金澤的兼六園、小石川的後樂園、駒込的六義園、加藤清正家的大名庭園（現在的東京新大谷飯店）等，至今仍是吸引大批遊客的名勝。

小石川附近的染井、駒込等地在江戶時代是植木屋的聚居地，這些職人有時被請到大名宅邸維修庭園，平時則在家裡種植花草，研發新品種。染井、駒込的周邊地區也是江戶的樹苗產地，每逢週末假日，植木屋都把自己栽培的樹苗或盆栽放在門前出售。

江戶的染井村周圍有很多植木屋聚居社區，譬如森鷗外在小說《青年》裡描寫的初音町，明治時代就屬於駒込村。男主角純一第一次踏進這片土地，立刻愛上了路旁的庭園：

……（純一租下的）房間跟隔壁植木屋隔著一道矮竹牆，純一立足處的前方有一叢荻花，花朵早已滿開，地上撒落無數花瓣。荻花旁還有十幾株大理菊，已是今年第二次綻放，紅黃參雜的花朵都精神抖擻地伸長了腦袋……，就在荻花樹叢對面的大理花朵之間，純一看到一個女孩的腦袋……

（《青年》第三章）

眾所周知，森鷗外是為了跟夏目漱石的《三四郎》較勁，才寫了《青年》，兩位作家的文筆如何，讀者自有公評，但不可否認的是，植木屋在兩位明治文豪的眼中，都有舉足輕重的地位。

第五章 場所

▶明治晚期的「三越吳服店」仿效博覽會的陳列模式，把貨品放在櫥窗裡供人瀏覽。小川一真出版部《東京風景》一九一一年（日本國立國會圖書館）

尼古拉堂

「尼古拉堂」是日本東正教的總部，位於東京千代田區神田駿河台，正式名稱叫做「東京復活大教堂」。不過從明治時代起，一般民眾都喜歡稱呼它「尼古拉堂」。

一八九一年，尼古拉堂經過長達七年的漫長工期，終於大功告成。當時日本全國共有四萬名東正教徒，是今天的四倍，教堂舉辦的各種例行活動都比今天更熱鬧，更有人氣。

夏目漱石在東京帝大任教時，經常從本鄉散步到尼古拉堂附近的御茶之水、神保町等地逛書店，所以對周圍環境相當熟悉。

教堂的位置是在一座小山丘的山頂，視野十分遼闊，整個東京市區的風景盡收眼底。也因為這個理由，江戶時代的幕府消防隊駐地曾經設在這裡。

一九〇七年六月，小說《後來的事》在「朝日新聞」開始連載時，尼古拉堂建成還不滿二十年，在當時的東京市民眼中，這座外觀宏偉的西洋建築是個時髦又有吸引力的景點。或許這也是作者夏目漱石在小說裡提起尼古拉堂的理由吧。

在男主角代助跟老友平岡久別重聚的餐桌上，酒過三巡，代助突然向老友說起尼古拉堂：

……代助興致勃勃地聊起兩三天前在尼古拉大教堂看到復活節祭典的情景。他說，祭典活動特別挑在午夜零時，世人都已熟睡的時刻展開，參拜的人群沿著長廊繞場一周之後，重新走進教堂。……教堂裡早已點亮了幾千支蠟燭。穿著道袍的僧侶隊伍走到遠處時，他們的黑色身影映在單色的牆壁上，顯得非常巨大……

（《後來的事》第二章）

1

2 | 3

1. 尼古拉堂（立場陽真／攝影）
2. 東正教獨有的八端十字架（立場陽真／攝影）
3. 鐘樓（立場陽真／攝影）

然而，這段描述並沒引起平岡的共鳴，他不以為然地說：「你能有這種閒情逸致，還真活得輕鬆愉快呀！等你出了社會，就沒這種機會囉。」但代助卻在心底反駁說：「復活節祭典那晚的經歷，比其他的人生經歷更有意義。」

夏目漱石用尼古拉堂的復活節祭典跟人生經歷做對比，顯然是要凸顯高等遊民代助的人生經驗過於單純，同時也企圖藉著平岡的不滿，反映當時上流社會與平民階級的生活差距。

尼古拉堂的興建計畫最早是由俄國的東正教傳教士尼古拉．卡薩德金（Nikolai Kasatkin）提出。尼古拉於一八六一年被教會派到日本傳教，但當時因為幕府實行鎖國政策，外國傳教士在日本根本無法宣揚教義，尼古拉想蓋教堂的計畫也再三受阻。直到明治維新之後，尼古拉才獲准在東京傳教，並在一八八四年開始集資興建教堂。

尼古拉堂的建設工程由俄國建築師米海爾．西丘羅帕夫（Michael A. Shchurupov）負責設計，英國建築師喬賽亞．康德（Josiah Conder，一八五二～一九二〇）擔任工程總監。

康德是明治政府聘雇的外籍專家，從一八七七年到一九二〇去世為止，他一直住在日本，並為日本設計過許多有名的建築，所以大家都尊稱他為「日本現代建築之父」。明治時代象徵文明開化的「鹿鳴館」，就是康德設計的。他的學生裡包括許多著名的日本建築師，譬如負責設計日本銀行和東京車站的辰野金吾，還有設計過皇居及東宮御所的片山東熊，都是康德的學生。

尼古拉堂的外型以伊斯坦堡的索菲亞大教堂為範本，中央圓頂高達三十五公尺，外觀十分宏偉，可惜後來在一九二三年關東大地震時全部燒毀，鐘樓也被震塌。更不巧的是，俄國在一九一七年發生革命，東正教總部在俄國國內逐漸失去影響力，再也無暇顧及東京尼古拉堂的重建。

直到一九二九年，日本東正教總部才聘請建築師岡田信一負責重建工程。新的教堂圓頂曲線變得比較平緩，不再是從前的洋蔥狀，鐘樓的高度也大幅降低，不像從前那樣高過教堂的屋頂。

今天站在遠處望向尼古拉堂，青綠圓頂已成為它的註冊商標。其實教堂剛剛竣工時，中央圓頂原本是紅銅色的。因為建築師在設計時考慮到防火的重要性，所以決定在圓頂上面覆蓋一層銅板。

尼古拉堂重建至今已近百年，當初的紅銅屋頂現在也氧化成了青綠色。這座日本唯一的拜占庭式建築物現已被國家指定為重要文化財。

三越陳列所

小說《後來的事》的主角長井代助是一位富家少爺，他父親長井得參加過推翻幕府的戰爭，因而受到明治天皇的賞識，成為國家公務員。後來他辭去公職，改行成為實業家，積攢了豐厚的財富。

代助從小嬌生慣養，大學畢業也不必出去工作，每隔一段時間就能從兄長手裡領到一筆豐厚的生活費，享受著高等遊民的生活。小說裡對他嫂嫂梅子的描述，也印證了代助家的富有。

……等到衣料（從國外）寄回日本後，她（代助的嫂嫂）找

今天位於東京日本橋的「三越百貨店」總店位置，即是三百四十年前「越後屋」的店址。現已被國家指定為重要文化財。（立場正夫／攝影）

人把綢緞裁製成四、五條和服腰帶，送給親朋好友，讓大家穿戴起來。誰知後來聽說，那種布料竟是日本輸出到法國去的，結果惹得眾人捧腹大笑。當時還是代助跑到「三越陳列所」去探查一番之後才發現的……

（《後來的事》第三章）

這裡提到的「三越陳列所」，正式名稱叫做「三越吳服店」，也就是今天「三越百貨公司」的前身。一九〇四年，「三越吳服店」看到歐美各國紛紛開設百貨公司，所以決定改變經營方式，從傳統吳服店變身為現代化百貨店。

五年之後的一九〇九年，小說《後來的事》開始在「東京朝日新聞」連載，這時的「三越吳服店」是日本唯一的百貨店，只有代助家那種上流階級才能經常進出「三越」購物，夏目漱石在小說裡提到「三越」的目的，也是為了襯托代助家的身分與財富。

「三越吳服店」創設於江戶初期，創業者三井高利於一六七三年在江戶日本橋附近開了一家吳服店，叫做「越後屋」。後來又從店名跟家族的姓氏中各取一字，改名叫做「三越」。所以從越後屋時代算起，今天的「三越百貨公司」已有三百四十多年的歷史。

明治初期的「越後屋」經過三井家族數代的努力，已發展成為全國最大的吳服店。正好在這段時期，歐洲和美國接連舉辦了幾次萬國博覽會。日本應邀參展的同時也發現，博覽會是一種極具潛力的招商模式。所以日本政府積極鼓勵國內的大商店仿效博覽會的展覽形態，把商品陳列在店內供顧客選購。

以往吳服店的傳統經營方式，是由店員負責接待來店的顧客，首先聽取顧客的需求，再從店裡搬出商品讓顧客挑選。而當時歐美的百貨公司，則是仿照萬國博覽會的方式，把商品陳列在店內，讓顧客自由參觀。所以「三越吳服店」進行改革的第一步，就是改造賣場，把商品陳列在櫥窗裡供人觀賞。

為了順利完成轉型，「三越吳服店」每年派遣職員前往歐美考察、採購，並且邀請國內文藝界人士組成「流行會」，以定期聚會的方式交換時尚情報。「流行會」的成員來自新聞界、演藝界、文學界等，著名作家森鷗外和幸田露伴都是「流行會」的座上賓。

「三越陳列所」很快就變成時尚與流行的代名詞，許多作家常到「三越吳服店」閒逛，順便尋找創作靈感。新浪漫派作家永井荷風在《斷腸亭日記》

裡留下這樣的記錄：

……昭和十年（一九三五年）二月三日，……黃昏時刻，在銀座的餐廳吃完晚飯後，到「三越」去買了一面太陽旗（附帶竹竿，定價一元六毛）。

夏目漱石的小說《三四郎》也曾提到「三越」：

……（錢湯）浴室的隔板之間掛著一張「三越吳服店」的海報，三四郎看到那海報上畫著一名美女，臉孔跟美禰子似乎有點相似……

（《三四郎》第六章）

由此可見，「三越」在當時不僅是上流社會的最愛，也早已融入庶民的日常生活。而最能體現「三越吳服店」的社會定位的描寫，應該是漱石在小說《春分之後》序言裡的一段文字。他在這篇名為〈關於春分之後〉的文章

江戶晚期的「越後屋」叫做「三井吳服店」。歌川廣重（初代）「東都名所駿河町之圖」一八五六年（日本國立國會圖書館）

中寫道：

……我不想吹捧自己的作品多麼新奇。因為我早就在心裡掂量過，當今社會上一味追求標新立異的，恐怕只有「三越吳服店」和太平洋彼岸的美國佬，以及文壇上的某些作家和評論家吧……

越
越
越
神田須田町
沢村屋清

明治初期的「三越陳列所」，正式名稱為「三越吳服店」。孟齋芳虎「東京駿河町三井正寫之圖」一八七四年（日本國立國會圖書館）

新橋車站

新橋車站是日本第一座鐵路車站，也是日本第一條鐵路東海道線的起點。

一八七二年（明治五年）九月十二日，新橋至横濱的京濱段舉行通車典禮，為了慶祝這項劃時代的建設完工，明治天皇特地在西巡九州的回程途中，從横濱搭乘裝飾著十八瓣菊紋樣的皇室專用列車返回東京。

東海道線鐵路的建設計畫早在江戸末期就有人提出，但是因為幕府的政權動盪不安，財政又極度困難，所以鐵路建設計畫始終無法付諸實行。

一八七〇年，日本接受英國提供的資金與技術，決定由大隈重信、伊藤博文、井上勝等人負責鐵路建設的重任。井上勝現在被國民尊稱為「日本鐵路之父」，因為他跟伊藤博文等人在幕府末期偷渡到英國，在倫敦大學研習鐵路建設技術。

東海道線的京濱段從一八七〇年開始動工，但由於沿線居民強烈反對，鐵軌鋪設的速度十分緩慢，前後共花費兩年時間，才完成新橋到橫濱之間的二十六公里鐵路。不過蒸汽火車的速度比馬車快多了，從前必須耗費一整天的時間才能從東京到達橫濱，有了京濱段鐵路之後，只需五十三分鐘就能抵達。

新橋車站開幕時的名稱叫做「新橋停車場」，但因為文明開化運動的影響，「停車場」三個字不按照漢字的唸法，而是採用外來語的「ステーション（station）」。

京濱段開通時的票價分上、中、下三種，下等座的票價為三毛七分五釐（約等於現在的五千元日幣）。對一般庶民來說，這個價錢算是相當昂貴的，因為這筆錢在當時可以買到十五公斤白米。但是跟嚴格區分身分的江戶時代比起來，明治時代的百姓不分身分貴賤，都能買票上車，這種改變也算是文明開化帶來的另一種進步。

新橋車站是由日本政府聘雇的美國建築技師布里根斯（Richard Perkins

東京汐留鉄道館蒸汽車待合之圖

新橋車站的候車室。明治作家永井荷風讚美這裡充滿自由與舒適。廣重「東京汐留鐵道館蒸汽車待合之圖」一八七三年（日本國立國會圖書館）

Bridgens，一八一九～一八九一）負責設計與監工。這座西洋式木造建築的外觀既新穎又奇特，深受大眾好評。後來銀座地區進行大規模改建時，也參考了新橋車站的設計。

新橋車站在當時被認為充滿時尚感，也是明治文人喜歡流連的場所，作家永井荷風在一篇名為〈銀座〉的散文裡讚嘆道：

……候車室裡充滿自由與舒適，遊客心中毫無顧忌與拘束，就像走進一間頂級的高級餐廳……

（《荷風隨筆集上》）

尾崎紅葉也在《金色夜叉》裡描寫過車站月台的情景：

……新橋車站的大鐘上，時針指在四點零二分的位置。東海道列車的車門已經關上了，火車頭不斷噴出蒸汽，三十幾節車廂蜿蜒曲折連成一列，秋季直射的陽光化為晚霞，照得玻璃車窗像在燃燒似的閃著紅光。站員正在來回奔忙，嘴裡不停地嚷著：「快點！」「趕快！」……

（《金色夜叉》中篇第一章）

夏目漱石不僅在日記裡留下自己在新橋車站送往迎來的記錄，還在好幾部作品中提到這座象徵文明開化里程碑的建築物。

譬如在小說《三四郎》裡，夏目漱石敘述男主角從九州搭火車前往東京時特別註明：「……三四郎的大型行李直接托運到新橋站，沒有了行囊沉重的顧慮，手裡只拎著一個中型帆布包和一把雨傘，走出了驗票口……」（《三四郎》第一章）

《門》的女主角阿米婚後始終不被夫家接受，只有在「叔父夫婦搭乘夜車抵達新橋車站的那天晚上」，她才終於見到了夫家的長輩。（《門》第四章）

而最令人印象深刻的，是新橋車站在《虞美人草》裡扮演的角色。在作者夏目漱石的刻意安排下，新橋車站變成了四位男女主角的命運分歧點：

……四個各自運行的小世界，又在列車裡擦身而過。他們好像非常在意其他的世界，就像他們關心著自己的世界，他們又好像絲毫沒把其他的世界放在眼裡。最後，這四個小世界終於抵達了擁有無限未來的新橋車站。……四個小世界衝進車站之後，又暫時各奔東西。……小夜子的世界從她闖進新橋車站的瞬間出現了裂紋。然後，就只剩下分崩離析。小說也從此展開了序幕。世界上，再也沒有比從這裡展開小說的人更悲慘的……

（《虞美人草》第七章）

一八七二年新橋橫濱之間的鐵路開通時，明治天皇親臨車站祝賀。井上安次「大日本鐵道發車之圖」一八八九年（日本國立國會圖書館）

相撲常設館

夏目漱石是明治作家中有名的相撲愛好者，他的作品裡經常出現「相撲」二字，因為「相撲」在日文裡除了表示相撲競技之外，還有一爭勝負，一決長短的含意。

譬如在《我是貓》裡，夏目漱石曾用相撲競賽比喻自我意識過強的人活在文明社會的痛苦：

……大家的自我意識都這麼強，個人之間的交往怎麼可能穩定平和？雖然大家表面看起來都相安無事，其實每個人都相當痛苦，就像相撲選手在賽場上扭做一團不能動彈一樣。表面看來平穩，內心說不定正在死命發力呢……

（《我是貓》第十一章）

夏目漱石喜歡相撲的理由，也是因為相撲是一種正面對決的遊戲，絕不玩弄陰險欺詐，他認為做人也應該像相撲一樣硬碰硬直接對撞，才稱得上是堂堂男子漢。小說《少爺》裡就有一段文字反映他這種想法：

……做人嘛，就應該像根竹子，直來直去，否則是靠不住的。……像紅襯衫這種貌似古道熱腸，主動熱情、品德高尚，還動不動掏個琥珀菸斗出來炫耀一番的傢伙，才是不可小覷，不能隨便跟他吵架的。就算吵架，也無法像回向院的大相撲那樣幹個痛快。相比之下，為了一分五釐跟我大吵大鬧，讓教師休息室裡全體老師震驚不已的豪豬，才更像堂堂正正的男子漢……

（《少爺》第八章）

夏目漱石在兩個兒子年幼時，經常跟他們玩相撲遊戲。長子純一和次子伸六抵擋不住父親時，還會把上面的兩個姊姊榮子和愛子叫來助陣。

一九〇九年六月，日本第一座「相撲常設館」在東京兩國開幕時，夏目漱石跟作家高濱虛子一起去看比賽，還在日記裡留下了觀賽感想：「選手的肌膚光澤隨著筋肉扭動與光線變換，放射出閃亮的光輝。真是太美了……」

湊巧的是，就在同月的二十七日，夏目漱石開始在「東京朝日新聞」發表連載小說《後來的事》，不知是否有意安排，他在小說裡提到了「相撲常設館」開幕的消息：

誠太郎（男主角代助的侄兒）喜歡做的事總是跟別人不一樣，……最近他又嚷著說，如果「相撲常設館」建好了，他一定要第一個進去看表演，並且還向代助打聽道：「叔叔有沒有朋友對相撲內行的啊？」

（《後來的事》第三章）

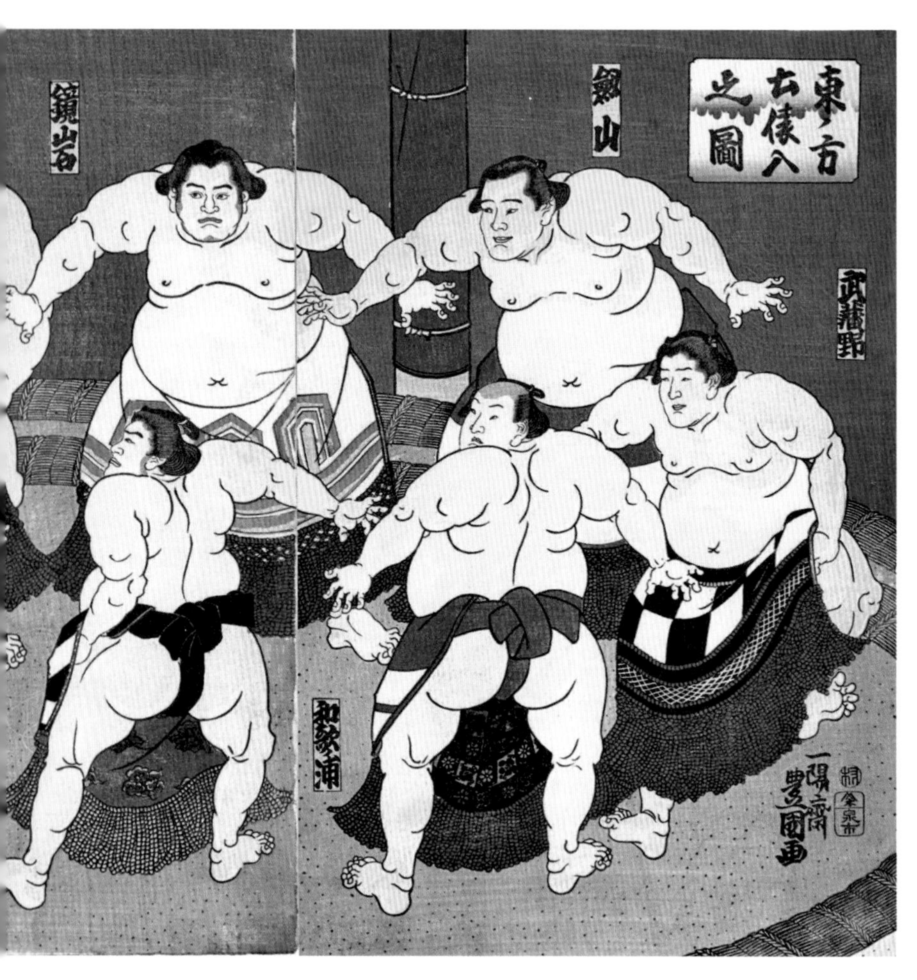
東方土俵入之圖
劔山
武蔵野
鏡岩
和歌浦
一陽斎豊国画

擊鼓開賽是源自江戶時代的慣例。廣重「江戶名所百景兩國回向院元柳橋」一八五七年（日本國立國會圖書館）

「相撲常設館」位於東京的兩國車站前面，正式名稱叫做「國技館」，是專為相撲競技興建的室內體育館。每年例行相撲競賽開幕之前，主辦單位會遵循江戶時代的慣例，在路邊搭起一座高達十六公尺的高塔，塔頂放置一面太鼓，叫做「櫓太鼓」，四周插滿五顏六色的旗幟。每天早晚兩次，由職業鼓手登塔擊鼓，向周圍居民宣告比賽即將開始。

日本的相撲歷史可追溯到千年以前，據《古事記》（七一二年完成）與《日本書紀》（七二〇年完成）記載，垂仁天皇（紀元前六十九年～七十年）在位時，出雲國出現一位勇士叫做當麻蹴速，垂仁天皇聽說這消息，立刻命令天津神的後裔野見宿禰跟他一決勝負。這場肉搏戰不僅留名青史，也讓兩名勇士變成了日本的「相撲之神」。

相撲在古代原本是預卜農作凶吉的神事活動，江戶時代的神社為了募款興工，經常舉辦「勸進相撲」，所以相撲在江戶時代逐漸演變為競技表演。自認體力過人的青年，都紛紛投身相撲界，希望有朝一日能夠成為「力士」。

「力士」是職業相撲選手的尊稱，等級最高的叫做「大關」。表現優異的大關就有機會被大名奉為上賓，享受豐厚的俸祿，並獲得幕府特准的武士待遇，出門時可以穿上印著家紋的禮服，腰間佩戴武士才有的長刀。

江戶城裡共有三處幕府特准的勸進相撲場地：兩國的回向院、深川的八幡神社、藏前的八幡神社。各賽場每年定期舉辦兩場比賽，每場的賽程為十天。所以力士是江戶時代公認收入最好的職業，因為每年只需工作二十天，就能賺到一年的生活費。

但這三個相撲賽場都不是永久性的。每次到了開賽之前，才由主辦單位搭建臨時組合屋。明治時代以後，政府為了解決風雨影響賽程的難題，才決定撥款興建國技館。

宣告相撲競技即將開始的櫓太鼓。（東京兩國國技館。立場正夫／攝影）

勸工場

《後來的事》的男主角代助是家有祖產的富家少爺，他不必上班賺錢，整天無所事事，不是逛街就是看戲，小說裡提到一個代助常去閒逛的地方：

……代助先到新橋的勸工場逛了一圈，接著又悠閒地順著大路，朝著京橋方向走去……

（《後來的事》第十二章）

文中提到的「新橋勸工場」，全名是「帝國博品館勸工場」，於一八九九年開幕，裡面陳列的商品都是歷屆「內國勸業博覽會」剩下的展品，所以也叫做「新橋勸業場」。

十九世紀末，日本受到歐美萬國博覽會的影響，先後舉辦過五次內國勸業博覽會，第一次於一八七七年舉行，地點在上野公園。這次博覽會結束後，參觀者都希望參展廠家能在特定地點繼續出售優質日用雜貨、服裝，所以相關單位便在一八七八年，於丸之內的龍之口開設了「府立第一勸工場」。

這是日本的第一家勸工場。開張後，每天的客流量十分驚人，顧客的反應非常熱烈，所以新的勸工場便像雨後春筍般地開始在東京市內相繼開幕，生意最鼎盛的時期，光是銀座大道的一丁目到四丁目這段路上，就開了七間勸工場。據相關資料指出，一九〇二年（明治三十五年），全東京共有二十七家勸工場，主要商品包括洋服類、文具、玩具、鞋類、漆器、餐具、衣櫥、日用雜貨等。

勸工場在明治晚期可說是風靡一時的購物中心，明治小說裡的人物也經常到勸工場去購物。譬如《我是貓》的主角苦沙彌老師家的坐墊就來自勸工場。作者曾以貓的視角發表感想：

……坐墊本來就是用來坐的，如果像這樣只看不坐，女主人才不會從勸工場買回來呢……

（《我是貓》第十章）

《虞美人草》的女主角小夜子要求未婚夫小野陪她去購物時就指名要去勸工場：

……「父親說，如果小野先生有空，想請小野先生陪我一起去勸工場買點東西……。」

（《虞美人草》第十二章）

小野雖然當場婉拒了未婚妻，但後來還是跑到勸工場幫小夜子買來字紙簍。他在回程路上碰到了另一名男主角宗近，對方還把勸工場的字紙簍讚美了一番：

上野公園地
天地玄黄 宇宙洪荒 日月盈昃
辰宿列張 寒来暑往
ちりぬるをわか

博覽會的美術館裡展出各種名畫。廣重「內國勸業博覽會美術館之圖」一八七八年（日本國立國會圖書館）

「……這是在勸工場買的嗎？做得相當精緻啊。用這個來裝廢紙真可惜。」

（《虞美人草》第十四章）

勸工場出現之前，日本的商業模式幾乎全是小販挑擔叫賣，或是由顧客前往製造商經營的店面購買。勸工場則提供了集中銷售的賣場。明治晚期的小學課本甚至把勸工場描述為：「去一趟就能買到各種物品的地方。」顧客走進勸工場，就能買到日常所需的全部物品。而且更吸引人的是，勸工場裡還有附設的咖啡店、理髮店、照相館等設施。這種提供多元服務的商業形態後來也成為百貨公司、購物中心的經營範本。

《後來的事》裡提到的新橋勸工場，是明治時代東京市內最有名的勸工場，紅磚建造的三層洋樓，屋頂有一座外型時髦的圓頂報時塔，塔樓的四面分別安裝一面直徑超過一公尺的大時鐘，每到整點，鐘樓上的音樂盒奏起音樂，並且傳出陣陣鐘聲。

據一八八五年出版的《東京工商博覽繪》記載，當時新橋勸工場的顧客都是穿著皮鞋或草履直接進店瀏覽，而比新橋勸工場更晚開業的百貨公司，卻是在關東大地震之後的大正晚期才開始讓顧客穿鞋進店。

每年到了歲末時分，各處勸工場都邀請樂隊在店內或店外舉行特別演奏，為採購年貨的顧客增添一些喜慶氣息。夏目漱石在小說《門》裡也曾提到過這幅場景：

……（宗助）進門後，絮絮叨叨地向阿米報告外面的景象。……商店門口都掛上各色旗幟，「勸工場」外面還撐起紅白條紋的帳篷，並有樂隊的演奏表演，看起來熱鬧極了。說到最後，他還慫恿阿米道：「好熱鬧！妳可以去瞧瞧嘛。喔！坐電車去，很方便的。」

（《門》第十一章）

結語

這本書寫到一半時，我在愛好日本文學的朋友圈中做了一項調查，題目是關於《我是貓》的故事內容。大家當然都讀過這部著名的明治小說，也對故事人物耳熟能詳，但是書中那隻鼎鼎大名的貓主角「吾輩」，最後的結局如何，卻沒有一個人記得。

這項調查的結果並不令人意外，因為之前在日本網路上，我也看過有人詢問「吾輩」的結局，而且提問的頻率相當高。可見許多日本讀者對「吾輩」的命運也沒有留下深刻的印象。為什麼會造成這種現象？有些日本讀者表示，故事太長，念不下去，有些讀者則率直地承認，小說的時代背景是在一百多年前，書頁裡頻繁出現陌生的器物、觀念或現象，再三地干擾讀興，最後只好放棄閱讀。

事實上，很久以前我也注意到，許多日文版的明治小說都在末尾附加註解，註釋得越詳盡的版本銷路越好，再版率也越高。所以當我著手翻譯明治小說時，也盡量使用易懂的文字添加簡短的譯注。然而，或許因為表達能力有限吧，總是覺得只用短短幾行文字，實在無法把一個世紀前的事物交代清楚。

「如果配上生動有趣的圖片，讀者應該更容易融入情節吧？」不知從何時起，這個念頭不時地開始在腦中浮現。因為圖片提供的訊息更實在，不論說明寫得多詳細，都不如一張圖片來得具體吧。

就拿本書前言提到的「手洗水」來說，我聽人描述過使用方法，也讀過許多說明文字，但在腦中仍然只能描繪出模糊的形象，直到我看到本書第三章「手洗水」一節的附圖，突然一下子，我就完全明白手洗水是怎麼回事了。

衷心期待讀者在閱讀本書時，也能體驗到跟我一樣的驚喜，更希望大家讀完本書之後，會覺得明治小說其實很有趣。

結束全書之前，我特別要向健行出版副總編輯曾敏英女士表達真摯的謝意，若不是她耐心鼓勵，這本書必定無法成形。在此，我想對她說一聲：敏英，謝謝妳讓我發現了人生的可能，我把譯注變成書啦！我也要向我的家人說聲感謝，因為他們的容忍與付出，我才能安心寫作。我更要感謝資深作家陳雨航先生，他創辦的「麥田出版」在上世紀的九〇年代，慨然接受我這非科班出身的日文譯者，我才有機會進入翻譯的世界，每天享受著轉換語言的樂趣。

二〇二一年十月吉日

章蓓蕾　寫於東京

參考書目

1 《後來的事》／夏目漱石／章蓓蕾（譯）／麥田出版社／2016

2 《東京百事便》／三三文房（編）／1890

3 《虞美人草》／夏目漱石／1907~1908

4 《三四郎》／夏目漱石／章蓓蕾（譯）／麥田出版社／2016

5 《東京新繁盛記》／服部誠一／山城屋／1876

6 《安愚樂鍋：牛店雜談》／仮名垣魯文／誠至堂出版／1871

7 〈香魚的名所〉／北大路魯山人／1935

8 《繪本江戶風俗往來》／菊池貴一郎／東陽堂／1905

9 《明治商賣往來》／仲田定之助／青蛙房／1969

10 《江戶名物誌》／松川弘太郎（編）／江戶採訪會（出版）／1931

11 《續野人生計事》／芥川龍之介／新潮社／1924

12 《我是貓》／夏目漱石／1905~1906

13 《自由畫稿》／寺田寅彥／中央公論社／1935

14《漱石的菜單》／藤森清／講談社／2003
15《食道樂》／村井弦齋／岩波書店／2005
16《海軍料理趣味事典》／高森直史／光人社／2004
17《海軍割烹術參考書》／舞鶴海兵團／1908
18《草枕》／夏目漱石／1906
19《浮世床》／式亭三馬／有朋堂書店／1927
20《大東京繁盛記 山手篇》／德田秋聲／平凡社／1999
21《金色夜叉》／尾崎紅葉／章蓓蕾（譯）／麥田出版社／2020
22《明暗》／夏目漱石／章蓓蕾（譯）／麥田出版社／2019
23《見聞諸家紋》／光教寫／1809
24《洋式婦人束髮》／村野德三郎（編）／1885
25《明治事物起原》／石井研堂／橋南堂／1908
26《東京風俗志》／平出鏗二郎／富山房／1899～1902
27《內田魯庵全集第四卷》／優瑪尼書房／1985
28《門》／夏目漱石／章蓓蕾（譯）／麥田出版社／2016
29《青年》／森鷗外／1910

30《青梅竹馬》／樋口一葉／1895~1896
31《漱石激讀》／小森陽一／河出書房新社／2017
32《夏目漱石》／小宮豐隆／岩波書店／1987
33《錢湯》／町田忍／章蓓蕾（譯）／健行出版社／2017
34《最棒的電影缺席審判》／町山智浩／文藝春秋／2012
35《東都歲時記》／齋藤月岑／平凡社／1970
36《江戶名所圖會》／齋藤長秋（編）長谷川雪旦（畫）／1834~1836 出版
37《新古細句銀座通》／岸田劉生／東京日日新聞／1927
38《花車》／山田美妙／改造社／1931（收錄於《山田美妙集》）
39《十三夜》／樋口一葉／1895
40《別離霜》／樋口一葉／1892
41《斷腸亭日記》／永井荷風／岩波書店／1987
42《春分之後》／夏目漱石／1912
43《荷風隨筆集上》／永井荷風／岩波書店／1986

日　本　再　發　現　　　0　2　1

明治小說便利帖──從食、衣、住、物走入明治小說的世界

國家圖書館出版品預行編目（CIP）資料

明治小說便利帖──從食、衣、住、物走入明治小說的世界／章蓓蕾著 . -- 初版 . -- 台北市：健行文化出版事業有限公司出版：九歌出版社有限公司發行，2022.04

面；　公分 . --（日本再發現；21）

ISBN 978-626-95743-2-2（平裝）

1.CST: 文化 2.CST: 風俗 3.CST: 社會生活 4.CST: 明治時代 5.CST: 日本

731.3　　　　111001644

作　　者──章蓓蕾
責任編輯──曾敏英
發 行 人──蔡澤蘋
出　　版──健行文化出版事業有限公司
台北市 105 八德路 3 段 12 巷 57 弄 40 號
電話／02-25776564・傳真／02-25789205
郵政劃撥／0112295-1

九歌文學網　www.chiuko.com.tw

印　　刷──前進彩藝有限公司
法律顧問──龍躍天律師 ・ 蕭雄淋律師 ・ 董安丹律師
發　　行──九歌出版社有限公司
台北市 105 八德路 3 段 12 巷 57 弄 40 號
電話／02-25776564・傳真／02-25789205

初　　版──2022 年 4 月
定　　價──400 元
書　　號──0211021
I S B N──978-626-95743-2-2
9786269574339(PDF)